Das Grundkochbuch

D1848988

Alles Gute für Deinen
weiteren Lebensweg
wünschen Dir

Monika [illegible]
und Sabine Meyer

17.06.96

KOCHEN

DAS GRUNDKOCHBUCH FÜR SICHERES GELINGEN

Sonderausgabe
© GE Fabbri Ltd. London
© Fabbri Verlag GmbH, Hamburg
© für diese Ausgabe 1995 by
Verlagsunion Erich Pabel-Arthur Moewig KG, Rastatt
Umschlagentwurf und -gestaltung:
Werbeagentur Zeuner, Ettlingen
Printed in Germany 1995
Druck und Bindung:
Graphische Großbetriebe Pößneck GmbH
ISBN 3-86185-427-9

Inhalt

Geflügel und Wild 259

Gemüse – als Beilage und als Hauptgericht 287

Desserts 313

Rezeptverzeichnis 332

Vorspeisen, Pasteten und Terrinen

Fleischpasteten und -terrinen

Terrinen und Pasteten vereinen zwei typische Eigenschaften der französischen Küche: Sparsamkeit durch den Verbrauch preiswerter Fleischstücke und wahre Kochkunst bei der Zubereitung delikater Speisen. Der französische Koch verwendet keine Knochen, minderwertiges Fett und Haut in seinen Erzeugnissen. Seine Terrinen, Pasteten und Würste entstehen nach altehrwürdigen, traditionellen Rezepten.

Rustikales und Feines

Terrinen verdanken ihren Namen der länglichen Form, in der sie zubereitet werden. Ursprünglich waren Terrinen gröber als die feinen Pasteten aus pürierter Leber oder Fleisch — heute scheinen die Bezeichnungen austauschbar. Es gibt feine, zarte, gehaltvolle Terrinen und grobe, ländliche Pasteten. Sie können in Teig für eine „pâté en croûte" gebacken oder eingehüllt in Speck, Schweinefett, Spitzkohl, Spinat, Weinblätter oder sogar Entenhaut gegart werden. Nicht alle Pasteten und Terrinen bestehen aus billigen Zutaten. Die berühmteste von allen ist die Pâté de Foie Gras aus den Lebern gemästeter Gänse.

Gelee

Klares, aromatisches Gelee ist oft ein wichtiger Bestandteil einer Terrine. Manchmal ergibt bereits die Fleischfüllung das Gelee, häufig jedoch wird es zusätzlich benötigt. Eine Scheibe zarter Pastete, umkränzt von glänzenden Würfeln oder auf einem Geleespiegel serviert, ist eine Delikatesse. Je langsamer und schonender das Fleisch gekocht wird, um so klarer wird das Gelee. Nie sprudelnd kochen lassen. Sehr gute Brühwürfel sind ebenfalls geeignet.

1 Fleisch und zerhackte Kalbs- und Rinderknochen sowie Suppengemüse in wenig Öl kräftig bräunen. Wasser, Wein, Bouquet Garni, Champignons und Lauch hinzufügen und bis zu 8 Std. köcheln lassen. Schaum häufig abschöpfen.

2 Kalt stellen und vollständig entfetten. Brühe mit Eiweiß und Eierschalen unter ständigem Rühren erhitzen, kurz aufwallen lassen und vom Herd nehmen, damit der Eiweißschaum sinken kann.

3 Nach 10 Min. erneut langsam aufkochen, jedoch ohne zu rühren. Trübstoffe wieder absinken lassen. Vorgang noch zweimal wiederholen.

4 Durch eine doppelte Lage Mull in eine Schüssel filtern. Eine kleine Probe fest werden lassen. Gegebenenfalls Gelatine hinzufügen.

TIP

Für festeres Gelee 2 TL gemahlene Gelatine in 600 ml Brühe langsam erhitzen.

Zu guter Letzt

1 Gelee in sauberer, flacher Schale erstarren lassen und in kleine Würfel schneiden.

2 Durch Zusammenschieben mit dem Pfannenwender die Würfel trennen.

3 In abgekühltes Gelee getauchte Dekoration mit Hilfe einer Pinzette auf einem kalten Teller anrichten. Fest werden lassen, und fast erstarrtes Gelee in der gewünschten Menge darübergießen.

Huhn-Kalb-Mousseline

Mousseline-Pasteten sind leicht, nahrhaft, zart und cremig. Dies ist das klassische Rezept für eine der besten, eine Mischung aus Huhn, Kalb und Geflügelleber. Verglichen mit der traditionellen Herstellung mit Fleischwolf und Passiersieb vereinfacht ein Mixer die Arbeit. Wichtig ist nur, daß alle Zutaten immer gut gekühlt sind.

Vorbereitungszeit: 45 Min.
+ Zeit zum Einweichen
Garzeit: 1 Std.
Für 8 Personen

ZUTATEN

Für die Mousseline
1 Schalotte, fein gehackt
15 g Butter
1 EL Brandy
100 g Hühnerbrust ohne Haut und Knochen
100 g mageres Kalbfleisch, durchgedreht
25 g gesäuberte Hühnerleber
1 EL Semmelbrösel
1/2 Eiweiß
1/2 Ei
300 ml Crème double
Salz und Pfeffer
Öl zum Einfetten
Für die Füllung
225 g Kalbsbries

1 Kalbsbries 4 Std. in Wasser einweichen, abtropfen lassen. Mit Wasser aufkochen, wieder abgießen. Erneut in frischem Wasser 2 Min. pochieren, bis es fest ist. Abgießen, Haut abziehen und alle dunklen Stellen entfernen.

2 Kalbsbries zwischen zwei Brettchen gepreßt für 3 Std. in den Kühlschrank stellen. Inzwischen die Mousseline-Mischung herstellen.

3 Schalotte in Butter weich und glasig dünsten. Brandy hinzufügen und abkühlen lassen. Huhn, Kalb und Leber in der Küchenmaschine sehr fein zerkleinern. Schalotte mit aller Flüssigkeit und Semmelbröseln hinzufügen, gut mischen. 30 Min. im Kühlschrank kühlen.

4 In eine größere Schüssel mit Eis setzen, um die Mischung weiter abzukühlen.

5 Das Eiweiß und dann das Ei schlagen, nach und nach Crème double hinzufügen, würzen und kalt stellen.

6 Backofen auf 170° C (Gas Stufe 3) vorheizen. Eine Kastenform mit Backpapier auslegen und einfetten. Die Hälfte der Mischung hineingeben. Kalbsbries darauf arrangieren und mit der restlichen Mousseline bedekken. Halbhoch im Wasserbad 1 Std. im Ofen garen. Gut durchkühlen.

Grundrezept

Einfache Pasteten werden nur aus durchgedrehtem und passiertem Fleisch und Fett — meistens Butter — hergestellt und auf Toast gegessen. Eine Mischung aus je 1/2 Fleisch und Fett garantiert eine gehaltvolle Konsistenz.

1 25 g Butter in der Pfanne zerlassen und 225 g Hühnerleber bei mittlerer Hitze garen.

2 Im Mixer mit 100 g weicher Butter pürieren, würzen und in kleine Formen geben.

Aromatisieren

Gewöhnlich benutzt man etwas Brandy oder Sherry zum Ablöschen der Leber in der Pfanne, um den etwas strengen Geschmack zu mildern. Zur Entenpastete paßt Orange, Senf zu Schinken und grüner Pfeffer zu Rindfleisch.

TIP

Diese Pasteten sind ganz frisch am allerbesten. Zum Aufbewahren beschweren, um alle Luftblasen zu entfernen. Mit geklärter Butter bedecken. Luftdicht verschlossen bis zu 1 Woche im Kühlschrank haltbar.

Bauernpastete

Vorbereitungszeit: 15-20 Min.
+ Zeit zum Kühlen
Garzeit: 2 Std.
Für 12 Personen

ZUTATEN

Für die Pastete

2 Schalotten, gehackt
25 g Butter
1 Glas Portwein
2 EL Brandy
450 g durchgedrehte Schweineschulter
100 g kleingeschnittener Speck
225 g durchgedrehte Schweineleber
2 zerpreßte Knoblauchzehen
1 kleines, verquirltes Ei
1 TL Salz
1/2 TL schwarzer Pfeffer
1 Prise Speisewürze
1/2 TL Thymian

Für die Form

etwa 14 Scheiben durchwachsener Speck ohne Schwarte

1 Die Schalotten in Butter glasig dünsten, mit Portwein und Brandy ablöschen und in eine Schüssel geben. Abkühlen lassen und mit den übrigen Pastetenzutaten sorgfältig vermischen. Eine große Terrine oder Kastenform mit Speck auslegen und den Fleischteig einfüllen. Mit dem überlappenden Speck und gefettetem Backpapier bedecken. Deckel auflegen und im Wasserbad bei 180° C (Gas Stufe 4) garen, bis sie fest ist und vom Rand her etwas schrumpft.

2 Die Form auf ein Tablett mit Rand stellen, eine zweite, beschwerte Kastenform auf die Pastete setzen. So über Nacht im Kühlschrank aufbewahren. Durch den Druck zerfallen die Pastetenscheiben beim Abschneiden nicht.

3 Zum Herauslösen die Form kurz in heißes Wasser tauchen und kräftig auf ein Brett stürzen. Mit einem scharfen Messer aufschneiden und mit Salat und Baguette servieren.

Portions-Pastetchen

Hergestellt aus dem umseitigen Rezept ohne durchwachsenen Speck, statt dessen wird Schweinsnetz verwandt.

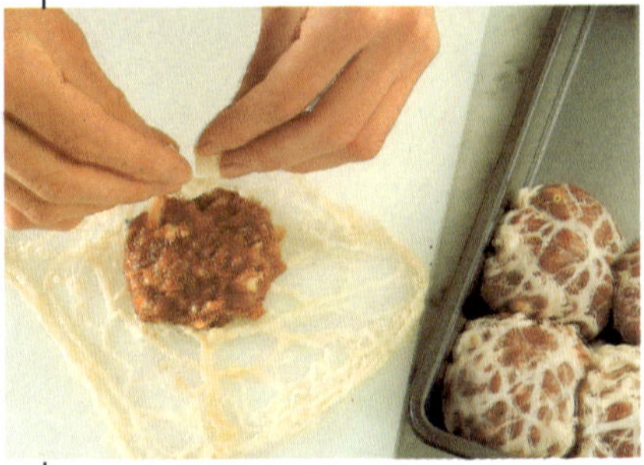

1 Backofen auf 190° C (Gas Stufe 5) vorheizen. Je 1 EL der Fleischmasse in ein rechteckiges, 12,5 cm großes Stück Schweinsnetz wickeln. Umgedreht in eine kleine, eingefettete, ofenfeste Form legen. 1/2 cm hoch mit Brühe auffüllen.

2 40 Min., bis sie sich fest anfühlen, garen. Falls die Oberfläche nicht schön braun ist, kurz übergrillen.

TIP

Den rohen Fleischteig unbedingt abschmecken. Evtl. eine eßlöffelgroße Menge in Butter braten.

Ententerrine mit Pistazien

Diese Terrine mit Melba-Toast servieren.

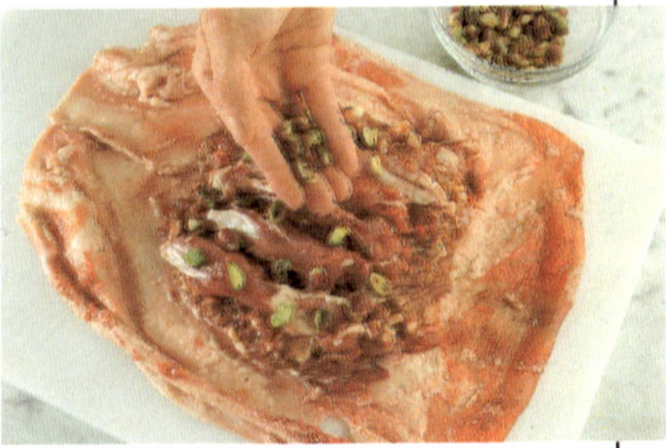

1 Eine entbeinte 1,8-kg-Ente mit 1/2 Rezept Bauernpastete (ohne Ei) füllen. Backofen auf 190° C (Gas Stufe 5) vorheizen.

2 Ente in Bratenfolie einrollen und 11/2 Std. backen. Folie entfernen, und die Ente rösten, bis die Haut knusprig ist.

Fischpasteten und -mousses

Fischpasteten und -mousses schmecken selbst jemandem, der eigentlich keinen Fisch mag. Sie sind wohlschmeckend cremig, und die einfacheren sind so schnell gemacht, daß es sich kaum noch lohnt, fertige zu kaufen. Die Frische und Bekömmlichkeit der Zutaten und die Zubereitung ohne Konservierungsmittel machen diese Gerichte zu wahren Gaumenfreuden.

Jeder Fisch ist geeignet

Übriggebliebener, kalter Fisch läßt sich hervorragend zu Pasteten und Mousses verarbeiten. Durch die vorsichtige Zubereitung wird selbst gekochter Fisch nicht trocken. Fast jeder Fisch, mit etwas Zitrone, Sahne oder Butter und Gewürzen angemacht, schmeckt hervorragend auf Toast. Eine Portion kalter Fisch ergibt zwei Portionen Fischpastete oder -mousse — und wird so zu einer exquisiten Füllung für Snacks. Selbst die etwas aufwendigere Fischmousseline, heißes Fischmousse oder Fischklößchen sind nicht so schwer herzustellen, wie es den Anschein hat.

Schnelle Pastete

Die Gräten eines geräucherten Fisches entfernen, das Fleisch glattpürieren.

Geräucherte Makrelen-Pastete
Das Püree mit der gleichen Menge Doppelrahm-Frischkäse und einem Spritzer Zitrone verrühren. In kleine Souffléformen füllen und mit Zitrone oder Petersilie garnieren. Mit geklärter Butter bedecken

Lachs-Forellen-Ecken
Püriertes Forellenfleisch mit Crème double zu einer cremigen Masse verrühren, mit Meerrettich und weißem Pfeffer würzen. Geräucherte Lachsscheiben in Schiffchen-formen legen, die Masse einfüllen. Die Lachsscheiben darüberfalten und kalt stellen. Auf eine Platte stürzen und mit Dill garniert zu Toast reichen.

Aal-Pastete
Püree von geräuchertem Aal mit $^{1}/_{3}$ der gleichen Menge Butter, etwas Zitronensaft und 1 EL gehacktem Dill verrühren. Mit zwei Löffeln Klößchen auf Teller setzen. Mit Toast und grünem Salat servieren.

TIP

□ Das Forellenfleisch im Mixer zu brotkrumenartiger Konsistenz pürieren, bevor die Crème double zugegeben wird. Die Gräten können nun leichter entfernt werden. Dann erst die Crème double zugeben.
□ Toastbrot vor dem Toasten in Kreisen oder Herzen ausstechen.
□ Die feste Pastetenmasse kühlen und zu Kugeln formen. Wieder kühlen und in Mohnsamen, gehackten Kräutern oder Paprikapulver wenden und servieren.

Mousselines

Frischer Fisch püriert ist sehr cremig. Mit etwas Eiweiß hält die Masse während des Garens gut zusammen, und das Entfernen von Gräten ist einfacher. Mousselines können aus jedem Fisch zubereitet und zum Füllen ganzer Fische, als Grundlage für Terrinen, als Klößchen verwendet oder wie sie sind serviert werden. Gehaltvoller werden sie mit 2 EL Semmelbröseln im Fischpüree.

Grundrezept

Vorbereitungszeit: 5-10 Min.
+ Zeit zum Abkühlen
Ergibt ca. 700 g

ZUTATEN
450 g Fischfilet ohne Haut und Gräten
2 Eiweiß
300 ml Crème double
Salz und Pfeffer

1 Die Zutaten kühlen. Den Fisch in Würfel schneiden und pürieren. 30 Min. kalt stellen und wieder in den Mixer geben.

2 Erst das Eiweiß, dann die Crème double in den laufenden Mixer geben. Mit Salz und Pfeffer abschmecken.

TIP

□ Die Mousseline mit der Hand herstellen: Den Fisch durch ein Sieb passieren, dann Eiweiß und Crème double zugeben. Über einem Eiswasserbad arbeiten.

□ Für gekochte Mousseline Eigelb statt Eiweiß verwenden, damit sie cremiger wird.

□ Weißling oder Hecht können ohne Eiweiß zubereitet werden.

□ Die Mousselinemasse kann max. 1 Tag im Kühlschrank aufbewahrt werden, bevor man sie gart. Dann das Salz erst vor dem Garen zugeben, damit die Masse keinen Saft zieht.

□ Vor dem Garen die Masse noch einmal abschmecken. Widerstrebt es, den rohen Fisch zu probieren, einen TL voll dünsten.

Darauf sollten Sie achten

Der Mixer darf nicht zu heiß werden, da die Masse sonst ausflockt.

Zwei-Farben-Terrine

Vorbereitungszeit: 10 Min.
+ Zeit zum Abkühlen
Garzeit: 50 Min.
Für 8 Personen

ZUTATEN

Öl zum Einfetten
½ Grundrezept, aus Seezunge hergestellt
½ Grundrezept, aus Lachs hergestellt
Butter zum Einfetten
Limonenscheiben und Dillzweige zum Garnieren

1 Den Ofen auf 180° C vorheizen. Eine Kastenform mit Öl ausfetten und die Mousselinemassen in Schichten einfüllen. Die Oberfläche glätten.

2 Mit gefettetem Backpapier, dann mit Folie abdecken. Im Heißwasserbad 50 Min. garen, bis die Mitte sich fest anfühlt.

3 Abkühlen lassen, dann kalt stellen. Stürzen, garnieren und in Scheiben servieren.

TIP

☐ Eine Handvoll Spinat kochen und ausdrücken. Mit 1 EL gehacktem Schnittlauch, Petersilie oder Estragon und dem hellen Fisch pürieren.
☐ Zwischen die verschiedenen Mousselineschichten gekochte Spinatblätter legen und vorsichtig andrücken.

Pikante Pasteten

Pikante Pasteten werden aus Teig und verschiedenen raffinierten Zutaten im Ofen gebacken. Sie sind das Ergebnis menschlicher Erfindungsgabe und Phantasie. Mit ihrer Hilfe wollte man das Brot variieren und schmackhafter machen — das Brot, jenes einfachste und wichtigste Nahrungsmittel des Menschen.
Die Pastetenzutaten — vorher getrennt zubereitet oder, in einigen Fällen, auch unbearbeitet — werden auf einem Teigboden verteilt oder in einem ausgerollten Teig eingeschlossen. So erhält man eine ganze sättigende Mahlzeit. Der Grundteig, der für Pasteten verwendet wird, ist — abgesehen von Ausnahmen — ein fetter oder magerer einfacher Grund- oder Blätterteig, der evtl. leicht abgewandelt wird. Blätterteig ist der beliebteste Teig, die Zubereitung ist jedoch schwierig. Man kann allerdings die Menge der Butter in bezug auf die Menge des Mehls verringern: die Zubereitungszeit ist kürzer, das Resultat ist ein weniger „leichter" Teig, der aber genauso schmackhaft und wesentlich einfacher herzustellen ist. Der Grundteig ist ein gesalzener, weicher Teig aus Mehl und Butter ohne die Zugabe eines Eis; je nach der Menge der Butter ist er schwer oder leicht. Außerdem können die Teige durch verschiedene Zutaten, wie aromatische Kräuter oder Gewürze, angereichert werden.

Schwerer Grundteig

Dieser Teig aus 300 g Butter, 500 g Mehl und wenig Wasser ist sehr viel leichter als Blätterteig und schneller zuzubereiten.

Vorbereitungszeit: 10 Min.
Garzeit: 15 Min.

ZUTATEN
500 g Weizenmehl
300 g weiche Butter
wenig Wasser
eine Prise Salz

1 Das Mehl auf die Arbeitsplatte schütten. In die Mitte eine Mulde drücken. Butter, Salz und Wasser zugeben.

2 Mit den Händen die Butter gleichmäßig unter das Mehl kneten, bis ein glatter Teig entsteht.

3 Den Teig mit einer bemehlten Teigrolle auf einer bemehlten Arbeitsfläche $^1/_2$ cm dick ausrollen.

Leichter Grundteig

Er wird genauso zubereitet wie der schwere Grundteig. Die Menge der Butter wird jedoch halbiert: 500 g Mehl und 150 g Butter.

TIP

Für den Grundteig:
☐ Beim Verändern der Mengen das Verhältnis Butter/Mehl beachten.
☐ Das Wasser löffelweise hinzufügen, damit der Teig nicht zu weich wird.
☐ Den Teig nicht zu lange kneten, damit die Butter nicht durch die Wärme der Hände schmilzt.
☐ Den Teig wie Blätterteig zwei- oder dreimal bearbeiten.
☐ Damit er leichter wird: ausrollen, zusammenfalten, leicht andrücken und im Kühlschrank ruhen lassen. Den Arbeitsgang zwei- bis dreimal wiederholen.
☐ Man kann den Teig auch in großen Mengen zubereiten: die nicht benötigte Menge in Zellophan einwickeln und einfrieren.

Kräuter-Quark-Pastete

Vorbereitungszeit: 1½ Std.
Garzeit: 1 Std.
Für 8 Personen

ZUTATEN

Für den Teig
600 g Weizenmehl
6 EL Olivenöl
Salz
etwas Wasser
Für die Füllung
1 kg frische Kräuter
400 g Quark
100 g geriebener Parmesan
10 ganz frische Eier
etwas Knoblauch und Petersilie, gehackt
1 Prise Majoran
Olivenöl
Salz und Pfeffer

1 Das Mehl auf ein Brett geben, Salz und Öl in eine Mulde in der Mitte geben und mit etwas Wasser zu einem festen Teig verkneten. Ca. 10 Min. kräftig durchkneten und in 13 gleich große und 1 etwas größeres Stück aufteilen. Aus allen Stücken Kugeln formen und leicht bemehlt, mit einem feuchten Tuch bedeckt, ca. 1 Std. ruhen lassen.

2 In der Zwischenzeit die Kräuter waschen, feinhacken und mit der Hälfte des Käses, dem Majoran, Knoblauch, der Petersilie, 2 Eiern und dem Quark verrühren.

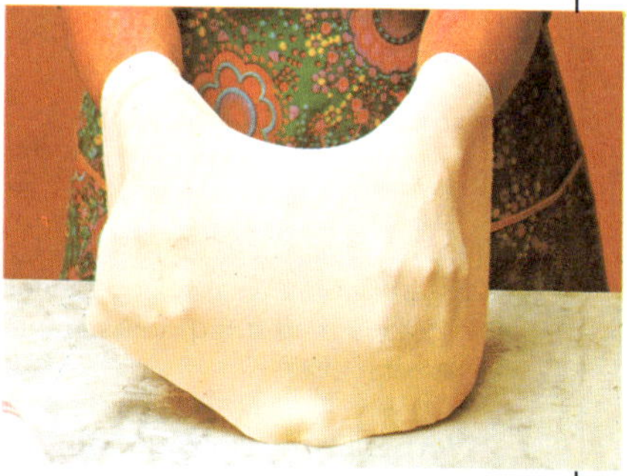

3 Die größte Teigkugel dünn ausrollen und über den Händen so dünn wie möglich ausziehen.

4 Mit dem Teig eine gefettete 22-cm-Ø-Springform auslegen, den Rand überhängen lassen. Den Teig mit Öl einpinseln.

5 6 Teigkugeln ausrollen und, jede mit Öl eingepinselt, auf die unterste Teigschicht legen. Die Kräuterfüllung auf der letzten Teigschicht verteilen.

6 Mit einem Löffel 8 Vertiefungen in die Oberfläche drükken, in jede 1 Ei geben (evtl. ohne Eiweiß); die Eier salzen, den Rest Parmesan darüberstreuen.

7 Über die Füllung die übrigen 7 dünn ausgerollten, geölten Teigkugeln legen.

8 Den überhängenden Teig bis auf 1 cm abschneiden und nach innen zusammendrücken.

9 Den Teig mit Öl bestreichen und kleine Löcher einstechen; darauf achten, daß die Eier nicht angestochen werden. So kann die heiße Luft entweichen, die Oberfläche reißt nicht.

10 Bei 190° C (Gas Stufe 5) ca. 1 Std. im Ofen backen. Die Pastete vor dem Servieren etwas ruhen lassen.

TIP

Das Geheimnis für das Gelingen dieser Pastete liegt vor allem darin, daß die einzelnen Teiglagen so dünn wie möglich ausgezogen werden, ohne jedoch zu reißen. Am besten, man kann hindurchsehen. Um das zu erreichen, muß man die Hände zu Hilfe nehmen.

Schweinsrolle

Vorbereitungszeit: 15 Min.
Garzeit: 1¼ Std.
Für 6-8 Personen

ZUTATEN
Für den Teig
250 g Weizenmehl
70 g Butter
1 Prise Zucker
1 Ei
Salz
Für die Füllung
450 g Schweinehack
50 g gekochter Schinken, kleingeschnitten
60-75 ml Milch
25 g Semmelbrösel
1 verquirltes Ei
1 EL gehackter Salbei
Salz und Pfeffer
Butter zum Einfetten
Ei zum Einpinseln

1 Das Mehl mit der Hälfte der Butter, Zucker, Salz, Ei und wenig warmem Wasser verkneten und zugedeckt 20 Min. ruhen lassen. Den Ofen auf 200° C (Gas Stufe 6) vorheizen. Den Teig zu einem 23 x 30 cm großen Rechteck ausrollen. Für die Füllung alle Zutaten vermischt auf den gebutterten Teig streichen.

2 Den Teig aufrollen und auf eine eingebutterte Alufolie legen. Auf die Oberfläche eine Art Gitterwerk ritzen. Die Rolle in die Alufolie einwickeln und für 1¼ Std. backen. Kurz vor Ende der Garzeit die Folie entfernen, die Rolle mit dem Ei bestreichen und fertigbacken.

Änderungen der Füllung

☐ 1 kg frischer Spinat (oder tiefgefroren), gekocht, gut abgetropft, feingehackt, mit 225 g gebratenen Pilzen, gebunden mit 60 ml Crème double, Béchamel oder ein wenig flüssiger Butter.

☐ 600 ml Tomatensauce, Zwiebeln und Knoblauch gemischt mit 25-50 g gehackten schwarzen Oliven.

Änderungen für den Teig

☐ 2 EL geriebener Parmesan, 50 g geriebener Cheddar oder 1 EL gehackte Kräuter.

Kartoffelteig

Ein leichter, knuspriger und leicht nussiger Teig. Die geriebenen Kartoffeln von Hand untermengen — mit dem Mixer wird der Teig klebrig.

Vorbereitungszeit: 15 Min.

ZUTATEN
100 g Butter
100 g Vollkornmehl
100 g rohe, geriebene Kartoffeln
1 Prise Salz

1 Butter und Mehl fein krümelig kneten. Geriebene Kartoffeln und Salz untermengen. Zu einem glatten Teig verkneten. Eine Kugel formen, 10 Min. kalt stellen.

Cheshire-Torte

Vorbereitungszeit: 15 Min.
Backzeit: 40-45 Min.
Für 4-6 Personen

ZUTATEN
1 Rezept Kartoffelteig
100 g Doppelrahm-Frischkäse
5-6 Tomaten, in feine Scheiben geschnitten
25 g Butter
1/2 kleine, feingehackte Zwiebel
50 g Vollkorn-Semmelbrösel
50 g Cheshire-Käse, gerieben
Salz und Pfeffer

1 Den Ofen auf 200° C (Gas Stufe 6) vorheizen. Den Teig für eine 18-cm-Ø-Form ausrollen. 15 Min. blindbacken. Weitere 5 Min. backen.

2 Temperatur auf 190° C (Gas Stufe 5) zurückschalten. Den Frischkäse auf den Teig streichen. Die Hälfte der Tomatenscheiben auflegen. Zwiebeln in Butter weich dünsten, abgekühlt mit Bröseln und Käse mischen. Würzen, über die Tomaten geben.

3 Die restlichen Tomatenscheiben am Rand verteilen. 20-25 Min. backen.

Kartoffeltorteletten

Teig aus je 75 g zerdrückten Kartoffeln, Mehl und Butter herstellen. 6 Tortelett-Formen damit füllen. 15 Min. blindbacken, Formen entfernen, weitere 5 Min. backen, warm stellen. Pochierte Eier in die Torteletten geben, mit Mornaysauce übergießen. Mit glatter Petersilie und Paprikapulver garnieren.

Darauf sollten Sie achten

Den Teig nicht zu lange im voraus zubereiten, da die Kartoffeln schnell braun werden.

Knoblauch-Pilze

Eine einfache und köstliche Vorspeise — kleine Champignons, die mit ein wenig Speck und einem Hauch von Knoblauch gebraten und mit warmem Weißbrot serviert werden.

Vorbereitungszeit: 5 Min.
Garzeit: 15 Min.
Für 4 Personen

ZUTATEN

450 g kleine Champignons
40 g Butter
2 Scheiben durchwachsener Speck, dünn geschnitten
3 zerdrückte Knoblauchzehen
25 g Semmelbrösel
2 EL kleingehackte Petersilie
Salz und schwarzer Pfeffer
1 EL Zitronensaft
Zitronenscheiben und Petersilie zum Dekorieren

1 Die Champignons abtrocknen, evtl. halbieren und 3 Min. in der Butter braten, bis sie braun sind.

TIP

Steinpilze, Austernpilze und Morcheln können auf diese Weise zubereitet werden und verändern das Gericht durch ihren Eigengeschmack.

2 Den kleingehackten Speck, Knoblauch, Semmelbrösel, Petersilie und Gewürze mischen und über die Pilze streuen. Ohne Deckel 10 Min. köcheln lassen. Häufig umrühren.

3 Den Zitronensaft zugießen, würzen und mit Zitronenscheiben und Petersilie dekoriert servieren.

m **Die Butter in einer großen mikrowellenfesten Schüssel 1 Min. bei Hochtemperatur (100 %) zergehen lassen. Die Pilze dazugeben und offen 3 Min. garen. Den Rest der Zutaten dazugeben, gut verrühren und weitere 5 Min. garen lassen.**

Gefüllte Tomaten

Diese gefüllten Tomaten schmecken sowohl warm als auch kalt. Mit Basilikumblättern dekoriert servieren.

Vorbereitungszeit: 20 Min.
Garzeit: 10 Min.
Für 4 Personen

ZUTATEN

50 g Weizenschrot
4 Fleischtomaten
1 Bund geputzte, fein gehackte Frühlingszwiebeln
1 sehr fein gehackter Zucchino
3 zerpreßte Knoblauchzehen
2 EL gehackte Petersilie
2 EL gehackte Minzeblätter
1 EL Olivenöl
Salz und Pfeffer

1 Den Ofen auf 180° C (Gas Stufe 4) vorheizen. Den Weizenschrot mit kochendem Wasser bedeckt 10 Min. zum Quellen beiseite stellen.

2 Inzwischen von den Tomaten die Deckel abschneiden. Das Innere herauslöffeln, die Hälfte davon in einem Sieb abtropfen lassen, den Rest beiseite stellen.

TIP

Das beiseite gestellte Tomatenmark für Saucen oder Suppen verwenden.

3 Das abgetropfte Tomatenmark kleinhacken und mit Zwiebeln, Zucchino, Knoblauch, Petersilie, Minze und Öl vermischen. Den Weizenschrot abtropfen lassen und zugeben. Mit Salz und Pfeffer würzen und in die Tomaten füllen.

4 Die Haut der Tomaten einritzen, die Tomaten auf ein Backblech setzen und 10 Min. im Ofen erwärmen.

„Bellavista-Eier“

Die mit Leber- oder Schinkenpastete gefüllten und mit Mayonnaise dekorierten Eier serviert man als Entree auf frischem Salat.

Vorbereitungszeit: 1 Std.
Für 6 Personen

ZUTATEN

12 hartgekochte Eier
400 g Leber- oder Schinkenpastete, fertig gekauft
50 g Butter
300 g Mayonnaise
einige Tropfen Worcestersauce
2 EL Cognac

1 Die Eier der Länge nach halbieren, das Eigelb herausnehmen und durch ein Sieb streichen. Die Butter cremig schlagen und mit Eigelb, Cognac, 2 EL Mayonnaise, Worcestersauce und Pastete verrühren.

2 Die Eiweiß mit der Mischung füllen. Mit Mayonnaise dekorieren.

Mayonnaise

Vorbereitungszeit: 20 Min.
Für 4 Personen

ZUTATEN

200 ml Olivenöl
1 Eigelb
1/2 Zitrone (oder 1 EL Weißweinessig)
Salz und Pfeffer

1 Das Eigelb mit einer Prise Salz, Pfeffer und einigen Tropfen Zitronensaft oder Essig verschlagen, bis es weißlich geworden ist.

2 Öl hinzufügen und zu einer festen Masse verrühren, mit einigen Tropfen Zitrone verdünnen. Diesen Vorgang wiederholen, bis alle Zutaten verarbeitet sind.

3 Die Mayonnaise ist fertig, wenn sie sehr fest ist und am Schneebesen hängenbleibt. An diesem Punkt kann das Eigelb kein Öl mehr aufnehmen.

Fritierte Fischsnacks

Die Meeresfrüchte im voraus zubereiten, dann jede Portion einzeln fritieren und sofort mit Austernmayonnaise servieren.

Vorbereitungszeit: 1 Std.
Garzeit: 10 Min.
Für 4 Personen

ZUTATEN

350 g Schollenfilets
225 g kleine Tintenfische
Salz und Pfeffer
100 g Breitlinge
100 g Sardinen
100 g geschälte Tiefsee-krabben
100 g Mehl
1 EL Maismehl
1 getrenntes Ei
225 ml Milch
150 ml Mayonnaise
1 EL Austernsauce
Öl zum Fritieren
1 Zitrone in Scheiben
Petersilie zum Garnieren

1 Fischfilets in 7,5 x 12 mm große Streifen schneiden. Kopf und Tentakel der Tintenfische entfernen, die purpurfarbene Haut mit Salz abreiben, Innereien und Knorpel ausnehmen, in Ringe schneiden. Gut waschen und abtropfen lassen.

2 Backteig aus Mehl, Maismehl und Salz zubereiten. Eigelb und Milch einrühren, 10 Min. ruhen lassen. Steif geschlagenes Eiweiß unterheben.

3 Mayonnaise und Austernsauce verrühren. Öl in einem tiefen Topf erhitzen. Vier Portionen vorbereiten und jede einzeln fritieren.

4 Mit den Sardinen angefangen, Meeresfrüchte durch den Backteig ziehen und im heißen Öl goldbraun fritieren. Herausheben, Öl abschütteln, auf Küchenpapier abtropfen lassen, garniert servieren.

TIP

- ☐ **Die Sauce mit Meerrettichsalz abschmecken.**
- ☐ **Statt der Austernsauce Ketchup zugeben, mit Salz und Pfeffer abschmecken.**
- ☐ **Tintenfischringe gibt es tiefgefroren zu kaufen. Vor der Verarbeitung auftauen lassen.**

Krabben-Cocktail

KLASSISCH

Schmeckt vorzüglich und
ist schnell zubereitet — hier mit einem
Spritzer Sherry.

Vorbereitungszeit: 15 Min.
Für 4 Personen

Z U T A T E N

300 g Tiefseekrabben

$^{1}/_{4}$ Eisbergsalat, feingehackt

Für die Marie-Rose-Sauce

4 EL Mayonnaise

1-2 EL Tomatenpüree

Saft von $^{1}/_{2}$ Zitrone

2 EL Schlagsahne

1 Spritzer Tabascosauce

1 EL Sherry

Salz und Pfeffer

Zum Dekorieren

1 Zitrone

4 Dillzweige

1 Für die Sauce Mayonnaise und Tomatenpüree verrühren, Zitronensaft zugeben, Sahne einrühren. Tabasco, Sherry und Gewürze zufügen.

2 Die Krabben in einer Schüssel würzen und mit Marie-Rose-Sauce bedecken.

TIP

Tiefgefrorene Krabben besonders gut würzen, da sie wenig Geschmack haben.

3 Den gehackten Salat in 4 Schüsseln verteilen, die Krabben daraufgeben.

4 Mit einem Messer der Länge nach Streifen in die Zitronenschale, die Zitrone in Scheiben schneiden. Den Cocktail mit 1 Dillzweig und $^{1}/_{2}$ Zitronenscheibe garniert servieren.

Gebutterte Toastscheiben, in Dreiecke geschnitten, dazu reichen.

Pikante Entenleber auf Toast

Eine nahrhafte, rasch zubereitete Vorspeise, die auch als Hauptgericht serviert werden kann.

Vorbereitungszeit: 10 Min.

Zeit zum Marinieren
Garzeit: 5-10 Min.
Für 4 Personen

ZUTATEN
4 Knoblauchzehen
Saft von 2 Zitronen
Saft von 2 Limonen
450 g gesäuberte Entenleber
25 g Butter
2 EL Worcestersauce
1 EL Sojasauce
1 Spritzer Tabasco
Salz und Pfeffer
Vollkornbrotscheiben, getoastet und gebuttert
frisches Basilikum zum Garnieren

1 2 Knoblauchzehen schälen, in Scheiben schneiden. Mit Zitronen- und Limonensaft über die Leber gießen. 1 Std. marinieren.

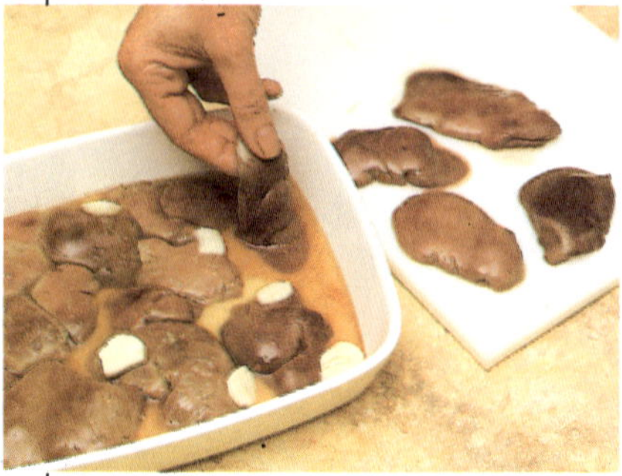

2 Die Leber aus der Marinade heben, die Flüssigkeit durchseihen. Butter in einer Pfanne zerlassen, 2 zerdrückte Knoblauchzehen, Worcester-, Sojasauce, Tabasco, Salz und Pfeffer zugeben.

3 Die Leber 5-10 Min. bei wenig Hitze in der Pfanne fast gar braten.

4 Die Leber aus der Sauce nehmen und warm auf gebuttertem Toast anrichten. Etwas Sauce darübergießen und mit Basilikum garnieren.

Als Variante die Leber in Scheiben schneiden und mit Erbsen, Mais und Karotten auf Toast servieren.

Darauf sollten Sie achten

Leber darf nicht zu lange gegart werden, da sie leicht trokken wird. Das Fleisch sollte innen noch rosa sein.

Knusprige Würstchen-Croissants

Diese herzhaften Würstchen-Croissants als Vorspeise reichen oder anstelle eines Butterbrotes essen.

Vorbereitungszeit: 15 Min.
Garzeit: 15 Min.
Für 4 Personen

Z U T A T E N

Mehl zum Bestäuben
350 g frischer Blätterteig
50 g cremiger Knoblauch-Kräuter-Doppelrahm-Frischkäse
8 kleine Bratwürstchen
1 verquirltes Ei
2 EL Sesam

1 Den Ofen auf 200° C (Gas Stufe 6) vorheizen. Den Teig zu einem 25-cm-Quadrat, 3 mm dick, ausrollen. In 4 12,5 cm große Quadrate, und jedes Quadrat in Dreiecke schneiden.

2 Den Käse auf die Dreiecke streichen. Je 1 Würstchen auf die lange Seite der Dreiecke legen und einrollen. Die Enden wie bei einem Croissant umbiegen.

3 Die Würstchen-Croissants auf einem Backblech mit verquirltem Ei bestreichen, mit Sesam bestreuen und in 15 Min. goldbraun backen.

Ein frischer, grüner Salat paßt gut zu den Würstchen-Croissants.

Die Croissants können im voraus zubereitet und gebacken oder ungebacken bis zu 6 Monaten eingefroren werden. Vollständig auftauen lassen, bevor man sie backt oder erwärmt.

Birnen mit Stilton

Frische Minze, Stilton und saftige Birnen — eine ungewöhnliche Kombination.

Vorbereitungszeit: 10 Min.
+ Zeit zum Festwerden
Für 4 Personen

ZUTATEN
75 g Stilton
75 g Doppelrahm-Frischkäse
4 große, reife Birnen
Zitronensaft zum Beträufeln
Minze zum Garnieren
Für die Sauce
3 EL Öl
1 EL Zitronensaft
1 EL gehackte Minze
1 TL Zucker
Salz und Pfeffer

1 Stilton und Frischkäse miteinander verrühren und in einen Spritzbeutel mit großer Tülle füllen.

2 Mit einem Apfelausstecher die Gehäuse der Birnen entfernen, Zitronensaft einträufeln und die Käsemischung einspritzen. Im Kühlschrank fest werden lassen.

3 Inzwischen für die Sauce alle Zutaten in einem Mixbecher schütteln und abschmecken.

4 Zum Servieren die Birnen in Scheiben schneiden, mit der Sauce beträufeln und garnieren.

Dazu ein kaltes Glas trockenen Weißwein, wie z. B. Pouilly Fume oder Chablis, servieren.

Galantine Mignon

FESTLICHES

Aufgeschnitten wird der hübsche Kontrast zwischen weißem, zartem Fleisch und grünen Bohnen sichtbar.

Vorbereitungszeit: 40 Min.
+ Zeit zum Abkühlen
Garzeit: 30-35 Min.
Für 4 Personen

ZUTATEN

- **4 entbeinte Hühnerschenkel**
- **25 g geputzte Brechbohnen**
- **225 g Wurstbrät vom Schwein**
- **15 g Pistazien**
- **1/2 zerpreßte Knoblauchzehe**
- **Salz und gemahlener Pfeffer**
- **Butter zum Einfetten**
- **Orangenscheiben zum Garnieren**
- **glatte Petersilie zum Garnieren**
- **Orangen-Feldsalat als Beilage**

1 Backofen auf 200° C (Gas Stufe 6) vorheizen. Fleisch flach auslegen und zwischen Folie vorsichtig mit der Teigrolle flachklopfen.

2 Bohnen in kochendem Wasser 2-3 Min. blanchieren, abgießen, abtropfen lassen.

Ungegarte Galantinen in festem Behälter bis zu 3 Monaten einfrieren. Vor dem Garen auftauen lassen.

3 Brät, Pistazien, Knoblauch, Salz und Pfeffer mischen und je 1/4 der Masse auf das Hühnerfleisch geben. Bohnen darauflegen und vorsichtig aufrollen. Darauf achten, daß das Fleisch die Füllung ganz und gar einschließt.

4 Jede Galantine fest in eingefettete Alufolie wickeln, in eine Backform legen und 30-35 Min. garen, bis der beim Anstechen heraustretende Saft klar ist.

5 Vor dem Aufschneiden abkühlen lassen. Garniert und mit dem Salat servieren.

Salate

Salate und Salatsaucen

Heute sind viele interessante Salatsorten erhältlich, die dem traditionellen „Kopfsalat" Konkurrenz machen. Man kann sie in jeder Zusammenstellung genießen. Fast jede Sorte, vom knackigen Chinakohl bis zum zarten Feldsalat, ist verwendbar. Aber nicht jede Salatsauce paßt zu jedem Salat.

Die richtige Sauce
Vinaigretten müssen nicht streng klassisch sein. Für die meisten Salate benutzt man neutrales Öl (Erdnuß- oder Maiskeimöl), würzt aber nach eigenem Gusto. Man kann für eine Sauce zu Kartoffeln Senf dazumischen, gehackten Koriander zu Fisch, Knoblauch und Minze zu Bohnen.

Knusprig und trocken
Salatsauce sollte man nicht zu stark würzen. Die Blätter sollten nur angefeuchtet sein, die Sauce nicht in der Schüssel stehen. Häufigstes Problem sind durchweichte Salatblätter. Wenn Blätter feucht sind, wird die Sauce wäßrig und fade, die Blätter liegen schlapp in der Schüssel. Eine Möglichkeit ist die Salatschleuder: dabei werden Blätter nicht gedrückt wie beim Trokkentupfen mit dem Geschirrtuch.

Blattsalate

1 Eisbergsalat
Knackiger Salat, hält sich gut, hoher Anteil an zarten, hellen, inneren Blättern. Nicht viel Geschmack, aber wunderbar fest.

2 Senfkohl
Dunkle, hübsche Blätter mit strengem, pfeffrigem Geschmack.

3 Eichenblattsalat
Weich, teuer, nicht lang haltbar, aber köstlich und schön anzusehen. Zum Waschen am Strunk vorsichtig in kaltes Wasser halten.

4 Römersalat
Süßlich, knackig, mit langen, großen Blättern. Hält sich gut, innere Blätter schmecken am besten.

5 Feldsalat
Zarte, kleine Pflanze mit mildem Aroma. Sorgfältig waschen, aber Blätter zusammen lassen.

6 Lollo rosso
Wie Eichenblattsalat, aber krauser und weniger weich. Sorgfältig waschen und trockenschütteln.

7 Chinakohl
Wenig Geschmack, aber knackige und feste Blätter. Hält sich gut. Verwandt mit Römersalat, aber viel kleiner.

1 Kopfsalat
Zarter grüner Salat, dessen dunkle Blätter auch eßbar sind. Waschen und trocknen wie Eichenblattsalat.

2 Endiviensalat
Helle, innere Blätter verwenden, nicht die dunklen, äußeren.

3 Radicchio
Hübscher, runder Salat, hält sich gut, zartbitter.

4 Brunnenkresse
Zum Aufbewahren mit dem Kopf in kaltem Wasser lagern. Unter fließendem Wasser waschen, Büschel ganz lassen. Nur Blattenden verwenden.

5 Römersalat (Inneres)
Das Innere eines Römersalates ist sehr fest. Halbieren und kleinschneiden.

6 Chicorée
Der Länge nach halbieren, die Blätter lösen. Schmeckt leicht bitter.

7 Spinat
Junge, rohe Spinatblätter schmekken lecker, alte sind zu hart. Strunk entfernen, Blätter an der Rippe falten und den Strunk wegreißen.

8 Eßbare Blüten
Junge, eßbare Blütenblätter von Stiefmütterchen, Kapuzinerkresse und Tuberosen würzen gemischten Salat.

Salatzubereitung

Das wichtigste ist, den Salat nicht zu sehr zu würzen. Viele Salate werden durch zu viele Zutaten ruiniert. Einfache Zusammenstellungen sind am besten: Kartoffeln und Zwiebeln, Sellerie und Käse, Huhn und Estragon, Tomaten und Knoblauch.

Salat als Vorspeise

Schöne Salatblätter auf einzelnen Tellern anrichten. Mit heißen Croûtons, Hühnerleber und gebackenen Schinkenwürfeln belegen.

Salat als Hauptspeise

Chinakohl, Spinat, Chicorée, Schinken und gekochtes Hähnchenfleisch in gleichgroße Streifen schneiden. Mischen, würzen und mit Walnußhälften bestreuen.

Salat vorbereiten

1 Zarte Salatblätter von Eichblatt- oder Kopfsalat waschen, dabei Strunk halten und vorsichtig in Wasser schwenken. Chicorée mit einem Tuch trocknen, verfärbte Blätter entfernen; nicht unbedingt alle Blätter einzeln waschen.

2 Radicchio, Eisberg- und Kohlsalat kann zerteilt werden. Nicht schneiden oder drehen, das quetscht ihn. Blatt für Blatt abziehen und waschen. In der Salatspinne völlig trockenschleudern.

3 Höchstens 1/2 Std. vor dem Servieren Salat und Sauce mit den Händen mischen. Salatbesteck quetscht zarte Blättchen. Umfüllen, überflüssige Sauce zurücklassen.

Mayonnaise

Mayonnaise ist eine leckere Mischung aus Eigelb und Öl, hat viele einfache Varianten und kann Fleisch- und Fischspeisen verfeinern.

1 2 Eigelb in eine angewärmte Schüssel geben und mit 1 TL Dijon-Senf verrühren.

2 Unter ständigem Rühren tröpfchenweise 175 ml Salatöl dazugeben. Die Mischung dickt dann langsam ein.

TIP

☐ Zu dünn? Mehr Öl dazugeben.
☐ Zu dick? 1 EL Wasser kurz vor dem Gebrauch dazurühren.
☐ Flockt Mayonnaise aus, 1-2 TL kochendes Wasser unterrühren. Gelingt das nicht, erneut mit einem Eigelb beginnen und ausgeflockte Mischung vorsichtig dazumischen.

3 1½ EL Weinessig oder Zitronensaft dazugießen, salzen, pfeffern.

Darauf sollten Sie achten

Rohe Eier können Salmonellen enthalten. Daher Mayonnaise immer kühl halten. Immer einen Schuß Essig oder Zitronensaft dazugeben.

Mayonnaise-Mischungen

Eigelb verquirlen, Gewürze, Weinessig oder Zitronensaft in den Mixer geben und gleichmäßig Öl dazugeben. Für südliches Aroma reines Olivenöl und viel Knoblauch verwenden. Für reichhaltigere Mayonnaise die Hälfte des Salatöls durch Nußöl (Walnuß- oder Haselnußöl) ersetzen und frische, gehackte Kräuter wie Estragon, Thymian, Schnittlauch und Petersilie beimengen. Zu Rohkost servieren.

Essig-Öl-Saucen

Die Grundsauce aus Öl und Weinessig mit Knoblauch, Senf und Ingwer würzen und damit Fleisch, Fisch, Eier und Gemüse geschmacklich verändern.

Klassische Essig-Öl-Sauce

4 EL Öl, 1 EL Weinessig, ½ TL Salz und viel frischen Pfeffer im Mixbecher kräftig schütteln.

Walnußöl-Limonen-Sauce

Z U T A T E N

1 frische Limone

2 EL Salatöl

1 EL Walnußöl

1 große Prise Meersalz

viel frisch gemahlener Pfeffer

1 Das Grüne der Limonenschale (nicht Inneres) sehr dünn abreiben. Saft auspressen. Schale, Saft, Öl und Gewürze im Mixbecher mischen.

2 Diese Sauce paßt zu knackigen Zutaten wie Äpfeln, Kohl, Sellerie, Radicchio, Chicorée oder Brunnenkresse.

Joghurt-Kräuter-Sauce

Z U T A T E N

4 EL Salatöl

2 EL Joghurt

1 EL gehackter Schnittlauch, Petersilie, Estragon, Minze oder Kerbel, gemischt oder einzeln

1 große Prise Meersalz

viel frisch gemahlener Pfeffer

1 Öl mit Joghurt zu einer Flüssigkeit verschlagen. Kräuter und Gewürze dazugeben.

2 Zu Streifen von gekochtem Fisch (Makrelenfilets) und hartgekochten Eiern oder Wachteleiern ergibt das eine gute Vorspeise. Die Sauce paßt auch zu geschälten dicken Bohnen (ohne Haut) und zu Salat aus gekochtem Gemüse.

Tomaten-Knoblauch-Sauce

ZUTATEN

4 EL kaltgepreßtes Olivenöl
1 EL Tomatensaft
1 zerpreßte Knoblauchzehe
1 große Prise Meersalz
1/2 TL Zucker
viel frisch gemahlener Pfeffer

1 Zutaten im Mixbecher mischen. Paßt zu geschälten Kirsch-Tomaten, Nizza-Salat, kaltem Fisch und gekochtem, kaltem Gemüse, wie Kartoffeln.

Würzige Sauce

ZUTATEN

4 EL Salatöl
1 EL Zitronensaft
1 zerpreßte Knoblauchzehe
1/2 TL gemahlene Ingwerwurzel
1 kleingehackte Frühlingszwiebel
je 1/2 TL gemahlener Kardamom und Koriander
gehackte Korianderzweige
1 Prise gemahlener Kümmel

1 Zutaten im Mixbecher mischen. Sauce paßt zu Kartoffel- oder Reissalat, feingeschnittenem Rotkohl oder kaltem Fisch. Der eigenwillige Geschmack paßt auch zu Salat mit Sultaninen und Pinienkernen.

TIP

Gewürzter Weinessig gibt dem Salat einen kräftigen Geschmack — roter Weinessig mit Rosmarin oder weißer Weinessig mit Estragon. Gewürztes Öl ist eine gute Saucengrundlage — Olivenöl paßt zu Tomatensalat und Nußöl zu Fischsalaten.

Salade Niçoise mit Lachs

Lachs anstelle des Thunfischs ist eine delikate Variante des klassischen Salade Niçoise. Mit kaltem Provence-Weißwein servieren.

Vorbereitungszeit: 30 Min.
Garzeit: 15 Min.
Für 4 Personen

Z U T A T E N

225 g neue Kartoffeln
Salz
225 g geputzte Brechbohnen
2 hartgekochte Eier
200 g Lachs aus der Dose, abgetropft
225 g geviertelte Kirschtomaten
1 Kopfsalat
50 g schwarze Oliven
8 halbierte Anchovisfilets
2 EL abgetropfte Kapern
Für die Salatsauce
7 EL Olivenöl
2 EL Estragon-Essig
1 TL Dijon-Senf
1 geschälte und halbierte Knoblauchzehe
Salz und Pfeffer
1 EL gehackte Petersilie

1 Kartoffeln in kaltem Salzwasser aufsetzen, aufkochen, in 15-20 Min. weich kochen. Abgießen und mit kaltem Wasser abschrecken. Bohnen in kochendem Wasser 7-10 Min. garen, abgießen und abschrecken. Kartoffeln in Stücke schneiden, Eier vierteln, mit Bohnen, Lachs und Tomaten in einer Schüssel mischen.

2 Alle Zutaten für die Sauce gründlich miteinander verschlagen und 2 EL davon über den Salat geben, umrühren.

3 Kopfsalatblätter auf eine Platte legen, die Salatmischung daraufgeben, Oliven, Anchovis und Kapern darüber verteilen und mit Salatsauce begießen; Knoblauch zurückbehalten.

TIP

Salatsauce im voraus zubereiten, damit Knoblauch und Kräuter ihr Aroma entfalten können.

Dieser Salat kann entweder als Beilage oder mit Baguette als Hauptgericht serviert werden.

Griechischer Salat

In Griechenland wird automatisch ein Salat zu jedem Essen serviert. Bei diesem Salat werden Urlaubserinnerungen wach.

Vorbereitungszeit: 15 Min.
Für 4-6 Personen

ZUTATEN

1 Kopfsalat

2 Fleischtomaten in Spalten

1/2 Gurke in Scheiben

1 rote Zwiebel in dünnen Scheiben

400 g Artischockenherzen aus der Dose in Vierteln

100 g schwarze Oliven ohne Steine

100 g gewürfelter Feta-Käse

Für das Dressing

8 EL Olivenöl

2 EL Zitronensaft

Salz und Pfeffer

1 zerpreßte Knoblauchzehe

1 EL gehackter frischer Oregano

Zum Garnieren

1/2 Zitrone in Spalten

4 Kerbelzweige

1 Den Salat zerpflücken, in Eiswasser waschen, trockenschwenken und in eine große Salatschüssel geben.

TIP

Die ungeschälte Gurke mit einem Kanneliermesser streifenförmig verzieren, dann in Scheiben schneiden.

2 Tomaten, Gurke, Zwiebel, Artischockenherzen, Oliven und Feta-Käse zugeben.

3 Die Dressingzutaten in einem Shaker mischen und darübergießen. Vorsichtig umwenden und mit Zitronenspalten und Kerbel garnieren.

Dieser Salat paßt gut zu griechischen Gerichten wie Kebabs und Lammgerichten. Ebensogut kann man diesen Salat als leichtes Hauptgericht servieren. Dann frisches Brot zum Auftunken des Dressings dazu reichen.

Champignon-Salat

Eine gelungene Kombination von Blattsalaten, Champignons und gekochtem Schinken.

Vorbereitungszeit: 15 Min.
Für 4 Personen

Z U T A T E N

3 EL Mayonnaise

2 TL Dijon-Senf

2 EL Crème double

1 EL Walnußöl

2 TL Weißweinessig

Salz und Pfeffer

225 g Champignons in Scheiben

100 g gemischter Salat (Radicchio, Lollo-Rosso, Endivie, Chicorée, Kopfsalat)

2 Scheiben gekochter Schinken

Baguettes zum Servieren

1 Mayonnaise, Senf und Crème double mischen. Öl, Essig und Gewürze verrühren und gerade so viel davon in die Mayonnaise geben, daß es die Konsistenz dickflüssiger Sahne hat. Champignons unterheben.

TIP

Den gekochten Schinken durch gehackte, geröstete Haselnüsse ersetzen und Haselnußöl verwenden.

2 Salate zerpflücken, waschen und vorsichtig trockentupfen oder in der Salatschleuder trocknen. 4 unbeschädigte Radicchio-Blätter beiseite legen.

3 Salate in Streifen schneiden und mit der restlichen Essig-Öl-Mischung zu den Champignons geben. Sorgfältig mischen.

4 Je ein Radicchio-Blatt auf einen Teller legen und großzügig mit Salat füllen. Gekochten Schinken kleinschneiden und über die Salate verteilen. Mit dicken Scheiben knusprigen Baquettes servieren.

Löwenzahnsalat

Nur frische, zarte Löwenzahnblätter verwenden. Den Salat sofort heiß servieren, da die Blätter schnell schlaff und unappetitlich werden.

Vorbereitungszeit: 10 Min.
Garzeit: 30 Min.
Für 4 Personen

ZUTATEN

450 g kleine, neue Kartoffeln

75 g frische Löwenzahnblätter

175 g geräucherter durchwachsener Speck

1 EL Olivenöl

2 EL Weißweinessig

3 EL Calvados

schwarzer gemahlener Pfeffer

1 Die Kartoffeln geputzt, aber nicht geschält, in kaltem Wasser aufsetzen, zum Kochen bringen und 20 Min. gar kochen. Inzwischen die Löwenzahnblätter waschen und abtropfen lassen.

2 Den Schinken in dünne Streifen schneiden. Öl in der Pfanne erhitzen, den Schinken ausbraten, beiseite stellen und warm halten. Essig zur Pfanne geben, die Flüssigkeit auf die Hälfte reduzieren.

3 Kartoffeln abtropfen lassen, halbieren, zum Schinken geben und warm halten. Calvados zur Flüssigkeit geben, 30 Sek. köcheln lassen und vom Herd nehmen. Löwenzahnblätter mit Kartoffeln und Schinken vermischen, die heiße Flüssigkeit darübergießen, mit Pfeffer würzen und sofort servieren.

Gemischte Salate

Vorbereitungszeit: 45 Min.
+ Zeit zum Marinieren
Garzeit: 5 Min.
Für 6 Personen

ZUTATEN

Für den Rote-Bete-Salat

225 g gekochte, gewürfelte rote Bete

1 EL Zucker

Saft von 1/2 Zitrone

1/2 EL Weißweinessig

1/2 TL gemahlener Zimt

1/4 TL gemahlener Kümmel

1 EL gehackter Koriander

1 TL Salz

Für den Paprikaschoten-Salat

2 große grüne Paprikaschoten, entkernt und gewürfelt

4 reife Tomaten, entkernt und grob gehackt

1 Bund Frühlingszwiebeln, in dünnen Scheiben

1 zerdrückte Knoblauchzehe

1/4 TL gemahlener Kümmel

1 EL Olivenöl

1 EL Weißweinessig

Für den Auberginen-Salat

2 EL Olivenöl

225 g Auberginen in Scheiben

2 Tomaten, gehäutet, entkernt und gehackt

2 zerdrückte Knoblauchzehen

1/4 TL gemahlener Kümmel

1 Prise Paprika

1 EL Zitronensaft

Salz und Pfeffer

Zum Servieren

eingelegte Zitronenschale

12 schwarze Oliven

3 hartgekochte Eier, geviertelt

1 Für den Rote-Bete-Salat alle Zutaten in einer Schüssel vor dem Servieren gut vermischen und marinieren.

2 Für den Paprikaschoten-Salat alle Zutaten vor dem Servieren gut vermischen und marinieren.

3 Für den Auberginen-Salat die Auberginenscheiben in heißem Öl langsam garen, vom Herd nehmen und pürieren. Die restlichen Zutaten zufügen, aufwärmen und servieren.

4 Alle Salate auf einem Servierteller arrangieren, mit dünnen eingemachten Zitronenstreifen, schwarzen Oliven und hartgekochten Eiern garniert servieren.

Gemüsesalat mit Joghurtsauce

Eine recht originelle Vorspeise mit einer ungewöhnlichen Sauce aus eingelegtem Gemüse und Joghurt.

Vorbereitungszeit: 20 Min.
Garzeit: ca. 20 Min.
Für 4 Personen

ZUTATEN

- **5 Kartoffeln**
- **4 Karotten**
- **1 Stange Lauch in Ringen**
- **50 g schwarze Oliven**
- **200 g gekochter Schinken in Würfeln**
- **1 EL Champignons aus der Dose**
- **1 EL Kapern**
- **1 kleine Gewürzgurke in Scheiben**
- **1/2 Zitrone**
- **1 Eigelb**
- **1 Becher Joghurt**
- **Olivenöl**
- **Salz und Pfeffer**

1 Kartoffeln und Karotten kochen, abgießen, etwas abkühlen lassen und in gleichmäßige Würfel schneiden.

2 Das Gemüse mit dem Schinken, der Gewürzgurke, den Oliven, Pilzen und Kapern mischen.

3 Das Eigelb mit 1 Prise Salz, Pfeffer und etwas Zitronensaft verquirlen und über den Salat gießen.

4 Zuletzt den kalten Joghurt mit dem Salat vermischen und das Ganze mit etwas Öl und dem Lauch vervollständigen. Evtl. mit Salatblättern dekorieren.

TIP

Vor dem Servieren den Salat einige Min. ruhen lassen, damit das Gemüse die Sauce aufnehmen kann. In Portionsschälchen auf Salatblättern servieren.

Avocado- und Pampelmusensalat

VEGETARISCH

Avocado und Pampelmusen passen ausgezeichnet zusammen — der herb-süße Geschmack der rosa Pampelmuse ergänzt den fetthaltigen der Avocado.

Vorbereitungszeit: 10 Min.
Für 4 Personen

ZUTATEN

grüne Salatblätter
2 EL Vinaigrette
2 rosa Pampelmusen
2 Avocados
Saft von ½ Zitrone
1 TL rosa Pfefferkörner
1 EL frische, gehackte Minze
Minzblätter zum Dekorieren.

1 Die Salatblätter mit 1-2 TL Vinaigrette beträufeln und auf 4 Teller verteilen.

2 Mit einem scharfen Stahlmesser die Pampelmusen schälen, in dünne Ringe schneiden und entkernen.

3 Avocados in Ringe schneiden und die Haut abziehen. Mit Zitronensaft beträufeln. Alle Ringe auf den Salatblättern arrangieren.

4 Die restliche Vinaigrette, rosa Pfefferkörner und gehackte Minze über die Früchte geben. Mit Minzblättern dekorieren.

TIP

Anstelle der Salatblätter kann auch Brunnenkresse als Unterlage für die Früchte verwendet werden. Wenn möglich, eine seltene Avocadovariante, die Cocktail-Avocado, verwenden. Sie hat keinen Kern, unterscheidet sich aber sonst nicht von der normalen Avocado und ist nur selten zu finden.

Darauf sollten Sie achten

Die Avocados müssen reif sein, damit man die Ringe von dem Kern in einem Stück entfernen kann.

Waldorfsalat mit Thunfisch

Der übliche Waldorfsalat wird mit Äpfeln, Selleriestangen und Walnüssen zubereitet — diese Variante enthält saftigen Thunfisch.

Vorbereitungszeit: 15 Min.
Für 6 Personen

Z U T A T E N

4 rote Äpfel
Saft von 1/2 Zitrone oder Limone
6 Selleriestangen
100 g gehackte Walnüsse
400 g Thunfisch aus der Dose
6 EL Mayonnaise
4 EL Crème fraîche
Salz und Pfeffer
1 Eisbergsalat
Sellerieblätter zum Dekorieren

1 Die Äpfel vierteln, Kerngehäuse entfernen und würfeln. Mit Zitronen- oder Limonensaft beträufeln. Selleriescheiben, Walnüsse und Apfelwürfel zusammenmischen.

2 Thunfischfleisch zerkleinern und mit der Mayonnaise, Crème fraîche und den Gewürzen unter den Salat mischen.

3 Die Mischung in 6 Salatblätter füllen. Mit Sellerieblättern dekorieren. Sofort servieren oder 1-2 Stunden kaltstellen.

TIP

Statt Thunfisch können auch große, gekochte Garnelen verwendet werden. Geschält für den Salat und ungeschält als Dekoration benutzen.

Als Beilage Pellkartoffeln mit Butter, saurer Sahne, Salz und gemahlenem Pfeffer zum Salat servieren. Ein guter Tip für eine späte Mahlzeit.

Geflügelleber mit Salat

FESTLICHES

Heiße Geflügelleber mit einem knackigen Salat – eine schöne Vorspeise. Den Salat vorbereiten, Leber und den Knoblauch kurz vor dem Servieren zubereiten.

Vorbereitungszeit: 10 Min.
+ Kühlungszeit
Garzeit: 4 Min.
Für 4 Personen

Z U T A T E N

2 Chicorées
1 kleine Palette Brunnenkresse
50 g Feldsalat
25 g Butter
3 Knoblauchzehen, dünn geschnitten
225 g Hühnerleber
Rosmarinzweige
Salz und schwarzer Pfeffer
20 Blüten, z. B. Kapuzinerkresse, Borretsch etc. zum Garnieren
Für die Sauce
5 EL Olivenöl
2 EL Rotweinessig
1 TL Dijonsenf
1 kleine Knoblauchzehe, feingehackt
Salz und schwarzer Pfeffer

1 Den Chicorée in einzelne Blätter zerteilen, das Innere in Ringe schneiden und mit Brunnenkresse mischen. Je 5 Chicoréeblätter auf einem Teller anrichten, dazwischen Feldsalat dekorieren. Die Kresse-Chicorée-Mischung in die Mitte geben, abdecken, kalt stellen.

2 Knoblauch, Leber, 1 Rosmarinzweig und Gewürze in heißer Butter von beiden Seiten 2 Min. braten oder bis die Leber braun ist. Für die Salatsauce Olivenöl, Essig, Knoblauch und Gewürze gut verrühren.

3 Die Leber auf die ganzen Chicoréeblätter legen und mit Knoblauch und Rosmarin garnieren. Mit Blüten dekorieren und Sauce übergießen.

Darauf sollten Sie achten

Bei den Blüten muß man genau darauf achten, daß sie ungespritzt sind.

Die Blüten und die Brunnenkresse können ausgetauscht werden.

Suppen und Saucen

Braune Grundbrühen und -saucen

Die Voraussetzung für jede gute Sauce und viele Suppen ist eine sorgfältig zubereitete kräftige Brühe. Das ist jedoch nicht immer einfach zu bewerkstelligen. Gute Köche nehmen sich viel Zeit, schmekken häufig ab und behandeln ihre Grundbrühen mit größter Sorgfalt. Das Geheimnis ist das langsame Köcheln. Während des Kochens sind Brühen ständig abzuschäumen und abzufetten, damit sie klar bleiben. Braune Grundbrühen werden hergestellt, indem man die Zutaten zuerst anröstet, mit Wasser auffüllt und viele Stunden langsam köcheln läßt.

Hervorragende Saucen werden natürlich nur aus den besten Zutaten hergestellt.

Grundbrühe zum Einfrieren

Manche Knochen, z.B. Kalbsknochen, die eine zarte, schmackhafte Brühe ergeben, sind nicht immer in kleinen Mengen zu kaufen. Darum lohnt es sich, mehr Brühe als im Moment benötigt zu kochen und den Rest einzufrieren. Das gleiche gilt auch für Grundsaucen, wie z.B. die köstliche Sauce Espagnole (siehe Seite 73).

Braune Grundbrühe

Diese Grundbrühe kann für viele Gerichte benutzt werden, allerdings sollte man sie nie aus Schweine- oder Lammfleisch herstellen.

Vorbereitungszeit: 20 Min.
Garzeit: 3¾-12¾ Std.
Ergibt 1 l Brühe

ZUTATEN

2 ungeschälte, gehackte Zwiebeln
2 Karotten in Scheiben
2 gehackte Selleriestangen
2 EL Rinderfett
2-3 kg Markknochen (oder Rinder-, Kalbs- oder Wildknochen)
225 g rohes, gewürfeltes Fleisch, vorzugsweise Rind
1 Handvoll Petersilie
1 Lorbeerblatt
½ TL schwarze Pfefferkörner
1 Thymianzweig

1 Den Ofen auf 200° C (Gas Stufe 6) vorheizen. Das Gemüse in einem schweren Topf unter ständigem Rühren in heißem Fett braun braten.

2 Die Knochen und das Fleisch auf einem Bratblech 35-45 Min. im Ofen braten. Ab und zu umdrehen.

3 Alle Zutaten mit 2,3 l Wasser in den Topf geben, mindestens 3 Std., am besten aber 8-12 Std., köcheln lassen, abschäumen und abfetten. Evtl. Wasser nachfüllen. Die Brühe durch ein Tuch passieren, das Fett abschäumen.

Übriggebliebene Brühe klären, dickflüssig einkochen und in Eiswürfelbehälter einfrieren.

Gebundene Brühe

Diese zwei einfachen Methoden können angewendet werden:

Mit Speisestärke
Für je 300 ml Grundbrühe 1 TL Maismehl oder Pfeilwurzmehl mit 1 EL kaltem Wasser vermischt in 150 ml erhitzte Brühe rühren, zurück in den Topf gießen, zum Kochen bringen und eindicken lassen.

Mit Butter und Mehl
Je 15 g Butter und Mehl glatt verrühren. Bis zu 600 ml heiße Brühe nach und nach dazugeben und so lange schlagen, bis die Brühe kocht und eindickt.

Die Brühe klären

Es ist die Zeit und Mühe wert, die Grundbrühe nach den folgenden Anweisungen zu klären. Die herrlich klare Brühe kann auch als dekoratives Gelee verwendet werden (siehe Seite 11).

1 Um 1,2 l Brühe zu klären, die Brühe, 2 Eiweiß und 2 zerdrückte Eierschalen in einen Topf geben und so lange schlagen, bis das Eiweiß zum Topfrand steigt. Vom Herd nehmen.

2 Nach 10 Min. bei wenig Hitze ohne Rühren langsam wieder aufkochen. Noch 2mal erhitzen und ruhen lassen.

3 Die Brühe durch ein Tuch in eine große Schüssel seihen, die Eiweißhaube als Filter benutzen.

Darauf sollten Sie achten

Niemals Salz zur Brühe geben. Beim Einkochen wird sie zu salzig, oder das Gericht, für das man sie benötigt, ist bereits salzig genug.

Grundsauce

Wenn man erst einmal eine Sauce Espagnole, eine Demiglace, zubereiten kann, dann werden einem andere Saucen fast keine Probleme mehr bereiten. Man muß jedoch die folgenden Anweisungen beachten. Um Demiglace zu erhalten, muß man die Sauce so lange kochen, bis eine sirupartige Flüssigkeit entsteht.

Sauce Espagnole

Vorbereitungszeit: 20 Min.
Garzeit: 1 Std.
Ergibt ca. 600 ml Sauce

ZUTATEN
100 g durchwachsener geräucherter Speck, gewürfelt
4 gewürfelte Karotten
2 große, gehackte Zwiebeln
2 gehackte Selleriestangen
4 EL Öl
2 EL Mehl
1/2 l kräftige Grundbrühe (siehe Seite 71)
2 TL Tomatenpüree
50 g gehackte Champignons (oder nur Stengel und Schalen)
einige Petersilienzweige
2 Lorbeerblätter

1 Speck, Karotten, Zwiebeln und Sellerie 10 Min. im heißen Öl braun anbraten.

2 Das Mehl dazugeben, 2 Min. unter ständigem Rühren anrösten.

3 3/4 der Brühe, Tomatenpüree, Champignons und Kräuter zugeben, 30 Min. köcheln.

4 Die Sauce abschäumen und entfetten. Etwas kalte Brühe dazugießen. 2-3mal wiederholen.

5 Die Brühe durch ein Sieb seihen, weiter köcheln und auf die Hälfte einkochen. Demiglace ist erreicht, wenn die Sauce am Löffel haften bleibt.

Variationen

Alle folgenden Saucen basieren auf dem Rezept für Sauce Espagnole (vorige Seite) und sind leicht zu komponieren. Jedes Rezept genügt für 4-5 Personen.

Sauce Robert
2 kleingehackte Schalotten, 3 EL Weißwein und 1 EL Weißweinessig köcheln, bis die Flüssigkeit fast ganz verkocht ist und mit 1 EL Dijon-Senf und 300 ml Sauce Espagnole auffüllen. Zu Schweinekoteletts, Kartoffelpüree und Karotten servieren.

Sauce Bordelaise
2 gehackte Schalotten in 15 g Butter anschwitzen, 1 Glas Rotwein angießen, zu 1 EL Flüssigkeit verkochen, dann 300 ml Sauce Espagnole, etwas gehackten Thymian dazugeben, 15 Min. kochen. Zu Steaks, Kartoffeln, Champignons und Zuckerschoten servieren.

Jägersauce
25 g gehackte Zwiebeln oder Schalotten in 15 g Butter anschwitzen, 75 g Champignonscheiben dazugeben, 3 Min. dünsten. 1 Glas Weißwein dazugießen, Flüssigkeit fast verkochen lassen. 300 ml Sauce Espagnole und 1 geschälte, entkernte, gehackte Tomate dazugeben. Zu Chateaubriand, neuen Kartoffeln, gegrillten Tomaten und Zucchini servieren.

Estragonsauce
2 EL gehackten Estragon und 150 ml Crème double mit 150 ml Sauce Espagnole verrühren, dickflüssig einkochen lassen. Zu gebratenen Hähnchenschenkeln, gebakkenen Kartoffeln und Erbsen servieren. Mit Estragonblättern dekorieren.

Madeirasauce
Ein Glas Madeira in 300 ml Sauce Espagnole einrühren, 15 Min. köcheln lassen, 25 g Butter einrühren. Zu gegrilltem Fasan servieren.

Tomatensauce

Diese frische Sauce schmeckt am besten selbstgemacht.

Vorbereitungszeit: 10 Min.
Garzeit: 30 Min.
Ergibt 300 ml Sauce

ZUTATEN
400 g Tomaten aus der Dose
1 kleingehackte Zwiebel
1 kleingehackte Karotte
1 gehackte Selleriestange
½ zerpreßte Knoblauchzehe
1 Lorbeerblatt
2-3 Petersilienzweige
Salz und Pfeffer
Saft von ½ Zitrone
1 Spritzer Worcestersauce
1 TL Zucker
1 TL gehacktes Basilikum
Zum Servieren
Bratwürstchen
Kartoffelpüree

1 Alle Zutaten in einem Topf mit schwerem Boden 30 Min. bei mittlerer Hitze köcheln.

Die Sauce kann zusammen mit etwas geriebenem Parmesan über Nudeln serviert werden.

2 Die Sauce durch ein Sieb passieren und zurück in den Topf geben. Zu dünne Sauce bei starker Hitze einkochen. Nach Geschmack würzen, mit Würstchen und Kartoffelpüree servieren.

Tomaten-Relish

575 g frische Tomaten, abgezogen, entkernt und gehackt, mit 1 gehackten Zwiebel und etwas Zucker in 15 g Butter dick und breiig kochen. Etwas gehacktes Basilikum zugeben, mit Hähnchen, neuen Kartoffeln und grünem Spargel servieren.

TIP

Für Tomatenpüree nur ½ Zwiebel zugeben und mit den Tomaten im Mixer pürieren.

Saucen, schnell gemacht

Diese Saucen sind schnell zubereitet und schmecken sehr gut. Jede reicht für 4-6 Personen.

Senf-Sahne-Sauce
Dünne Schweinefiletscheiben in 50 g geklärter Butter von beiden Seiten kurz anbraten, warm stellen. 150 ml Grundbrühe, 150 ml Crème double mit 1 EL Dijon-Senf in der Pfanne verrühren, aufkochen, einkochen und abschmecken. Zum Fleisch servieren.

Rote Johannisbeer-Ingwer-Sauce
Lammkoteletts in geklärter Butter braun braten, warm stellen. 150 ml Grundbrühe, 1 EL rotes Johannisbeergelee, 1 Prise Ingwer in der Pfanne aufkochen, einkochen und über das Fleisch gießen.

Himbeeressig-Sauce
Dünne Kalbsleberscheiben in 50 g geklärter Butter kurz braten, warm stellen. Den Bratensud mit 2 EL Himbeeressig aufkochen, auf 2 TL Flüssigkeit einkochen. 150 ml Crème double, Salz und Pfeffer dazugeben, kurz aufkochen und zu der Leber servieren.

Knoblauch-Joghurt-Sauce
Hähnchenleber in 50 g geklärter Butter braun braten. 1 zerdrückte Knoblauchzehe zugeben, 1/2 Min. braten, 2 gehäufte EL Joghurt, Salz und Pfeffer einrühren. Auf Toastbrot als Vorspeise servieren.

Rotwein-Champignon-Sauce
Steakmedaillons in geklärter Butter kurz braun braten, warm stellen. 100 g Champignonscheiben in der Pfanne anbraten, ein Glas Rotwein angießen, aufkochen, auf 1 EL reduzieren. 150 ml Grundbrühe und 1 EL gehackte Petersilie dazugeben, aufkochen, umrühren und zu den Steaks servieren.

Orangen-Thymian-Sauce
Gesäuberte Schweinenieren in dünnen Scheiben in 50 g geklärter Butter kurz braun braten, häufig wenden, innen rosig lassen. Den Saft 1/2 Orange, 1 TL geriebene Schale, 2 EL Kalbs-Demiglace und 1 TL gehackten Thymian dazugeben, aufkochen und 25 g kalte Butterstücke unter die Sauce schlagen. Über die Nieren gießen, mit Thymian und Orangenscheiben garnieren und servieren.

Buttersauce
Hähnchenschenkel in 50 g geklärter Butter braun braten, bei wenig Hitze 15 Min. weiterbraten. Nur 3 EL Bratensud in der Pfanne lassen, 1 EL Zitronensaft dazugeben, die Flüssigkeit fast vollständig verkochen lassen. Das Fleisch warm stellen. Den Bratensatz mit 150 ml Grundbrühe aufkochen, unter ständigem Rühren auf 2 EL einkochen, nach und nach 50-75 g kalte Butterstücke unter die Sauce schlagen, abschmecken.

TIP

Das Abschmecken aller Brühen und Saucen ist sehr wichtig — nur so erhält man ein zufriedenstellendes Ergebnis.

Helle Saucen

Eine gute Sauce, weich und geschmacksintensiv, ist ein kleines Wunder. Sie verwandelt pochierte Eier in ein Festmahl und macht aus einem einfachen Geflügelgericht eine Besonderheit. Buttersauce in kleinen Mengen eignet sich für festliche, Mehlschwitze (weiße Sauce, Eisauce, Käsesauce) für alltägliche Gerichte. Mehlschwitze ist für den Anfang geeigneter. Sie flockt nicht aus, läßt sich leicht wieder aufwärmen und schmeckt sehr gut.

Die richtigen Zutaten

Wie überall kommt der Geschmack mit guten Zutaten. Leicht gesalzene Butter rundet den Geschmack besser ab als jede Margarine, und frische Kräuter sind besser als getrocknete.

Mischen

Wenn man einmal die Grundzüge des Saucemachens verstanden hat, ist man nicht mehr ausschließlich auf die Zubereitung klassischer Saucen angewiesen. Die Basis der Sauce bâtarde ist eine Mehlschwitze. Sie ist eine Mischung aus Buttersauce und Mehlschwitze und wird mit Milch abgelöscht — besser noch mit dem Fleisch- oder Fischsud, der beim Kochen entstanden ist. Wein, Cognac, Kräuter und Gewürze verfeinern die Sauce.

Weiße Saucen

Für eine gute Sauce ist die dickflüssige Konsistenz wichtig. Sie läßt sich auf dreierlei Art erreichen.

Verdampfen: Pilze und Tomaten für eine Tomatensauce oder Rahm und Senf für ein Schweinegulasch werden so lange geschmort, bis sie dickflüssig sind.

Einbrenne: Sie besteht zu gleichen Teilen aus Fett und Mehl, welches in das geschmolzene Fett gerührt wird. Üblich ist die helle Einbrenne, dabei wird Mehl ganz kurz in Butter erwärmt. Für braune Sauce das Mehl anbräunen.

„Geknetete Buttersauce“: eine Mischung aus gleichen Teilen Mehl und Butter. Beides zusammen zu einem Teig verarbeiten, dann kleine Stücke davon in heißer Flüssigkeit auflösen, bis die gewünschte Konsistenz erreicht ist.

Saucen warm halten

Um Hautbildung auf der Oberfläche zu vermeiden, die Sauce mit Zellophan oder einem nassen Stück

Pergamentpapier abdecken. Vor dem Servieren erwärmen.

Aufwärmen

Mehlsaucen können in der Mikrowelle oder direkt im Ofen erwärmt werden. Buttersaucen lassen sich schwer aufwärmen, da sie leicht ausflocken. Besser im Wasserbad warm stellen. Da sie warm serviert werden, genügt heißes Wasser, es muß nicht kochen.

Einfrieren

Mehlsaucen sind beim Auftauen wässrig und klumpig. Deswegen unter ständigem Rühren aufkochen. Buttersaucen können nicht eingefroren werden, sie flocken leicht aus.

TIP

- **Für eine weiche Beschaffenheit die Sauce kurz mixen.**
- **Zu dünne Saucen durch Kochen eindicken.**
- **Mit einem Stück Butter oder einem Löffel Sahne die Sauce verfeinern.**
- **Saucengefäße mit schwerem Boden, besonders aus Kupfer, verhindern Anbrennen.**
- **Das beste Gefäß für die Saucenzubereitung ist die Sauteuse mit schrägen Wänden.**

Béchamelsauce

Bei dieser französischen weißen Sauce wird die Milch mit Zwiebeln, Muskat, Pfeffer, Lorbeerblatt und Petersilie gewürzt.

Vorbereitungszeit: 10 Min.
Garzeit: 10 Min.
Ergibt 300 ml

ZUTATEN
300 ml Milch
1 Zwiebel in Scheiben
Muskatblüte
frische Stengel Petersilie
4 Pfefferkörner
1 Lorbeerblatt
20 g Butter
20 g Mehl
1 EL Sahne
Salz und Pfeffer

1 Milch, Zwiebel, Muskat, Petersilie, Pfefferkörner und Lorbeerblatt langsam aufkochen.

2 Wärme reduzieren, 8-10 Min. ziehen lassen, durch ein Sieb gießen.

3 Für die weiße Grundsauce das Mehl bei mäßiger Hitze in zerlassene Butter rühren.

4 Vom Herd nehmen. Nach und nach die Milch dazufüllen. Unter Rühren 2-3 Min. aufkochen. Sahne zugeben, abschmecken.

Variationen

Petersiliensauce

Grundrezept Béchamelsauce, anschließend nur Petersilienstengel (nicht Blätter) in die Milch legen. Zum Schluß feingehackte Petersilienblätter dazugeben. Mit Salz und Pfeffer abschmecken.

Zwiebelsauce

25 g Butter, 4 EL Wasser, 225 g kleingehackte Zwiebeln kochen, bis die Flüssigkeit verdampft ist. Mit Béchamelsauce mischen.

Grüne Sauce

225 g geputzten Spinat kochen, abtropfen und trockentupfen. Mit 300 ml Béchamelsauce pürieren.

Käsesauce

Grundsauce mit 40 g Butter, 40 g Mehl und 600 ml Milch herstellen. Vom Herd nehmen, 75 g geriebenen Gruyère und 25 g geriebenen Parmesan unterheben.

Sauce velouté

Sie wird mit Brühe statt Milch zubereitet. Brühe vom Kalb, Huhn oder von hellem Fleisch eignen sich eher als von dunklem Fleisch.

Vorbereitungszeit: 15 Min.
Garzeit: 10 Min.
Ergibt 300 ml

ZUTATEN
20 g Butter
20 g Mehl
300 ml helle Gemüse- oder Fleischbrühe
Salz und Pfeffer
einige Tropfen Zitronensaft

1 Für die Grundsauce Butter zergehen lassen, Mehl einrühren. Unter Rühren bei wenig Hitze hellbraun werden lassen, vom Herd nehmen.

2 Nach und nach die Brühe zugeben. Unter Rühren einkochen, bis die Mischung sirupartig ist, abschmecken.

TIP

Sauce velouté lange köcheln lassen, das verbessert den Geschmack.

Butter in einer Form im Mikrowellenherd 30 Sek. auf Hochtemperatur (100%) erwärmen. Mehl und Brühe dazugeben, 3 Min. kochen, alle 30 Sek. umrühren.

Variationen

Fisch velouté

Fischbrühe anstelle von Fleisch- oder Hühnerbrühe verwenden.

Aurorasauce

2 EL Tomatenmark mit 25 g Butter in Fisch, Kalbfleisch oder Geflügel velouté einrühren.

Hähnchensauce

2 Eigelb, 2 EL Sahne und 50 ml heiße Hühner velouté mit 200 ml Sauce velouté mischen und langsam erwärmen. Vom Herd nehmen, 25 g Butter und etwas Zitronensaft einrühren.

Sauce Suprême

125 ml Crème double mit 300 ml Hühner velouté mischen und bei kräftiger Hitze unter Rühren einkochen lassen.

Buttersauce

Die helle Buttersauce ist bekannt aus der Chefküche und leichter herzustellen, als man denkt. Wichtig ist: Wenn die Sauce flüssig ist, kann sie unter ständigem Rühren gekocht werden. Falls die Butter ausflockt, muß man die Wärmezufuhr reduzieren.

Vorbereitungszeit: 5 Min.
Garzeit: 15 Min.
Ergibt 175 ml

ZUTATEN
225 g Butter
1 EL gehackte Schalotten
3 EL Weinessig
Salz und Pfeffer
1 Spritzer Zitronensaft

1 Kalte Butter in kleine Würfel schneiden. Kühl stellen.

2 Schalotten, Weinessig und 3 EL Wasser auf die Menge von 2 EL einkochen.

TIP

Gekühlte Butter benötigt einige Sekunden mehr fürs Schmelzen, Sekunden, die man fürs Schlagen benötigt.

3 Hitze reduzieren. Unter Rühren mit dem Schneebesen die Butter Würfel für Würfel in 5 Min. zugeben, bis die Sauce dick und cremig, vergleichbar mit einer dünnen Sauce hollandaise, ist. Abschmecken.

Falsche Buttersauce

3 EL Brühe und 1 gehäufter TL „Geknetete Buttersauce" (siehe Seite 79) in den eingekochten Weinessig rühren, aufkochen. Dann Butter zugeben. 1 Prise Mehl stabilisiert die Sauce.

Sauce bâtarde

Sauce velouté herstellen (siehe Seite 81), 100 g Butter zugeben, weiter wie im Rezept Buttersauce.

Grüne Sauce bâtarde

1 Handvoll blanchierte, abgetrocknete, pürierte Kresse oder Spinat in die Sauce bâtarde rühren.

Diätsauce

Die Butter durch Quark ersetzen, Mischung nicht kochen.

Buttersauce paßt zu frischem Spargel oder zu gedünstetem Lauch.

Pilz-, Zwiebel- & Pfeffersauce

Vorbereitungszeit: 5 Min.
Garzeit: 15 Min.
Ergibt 450 ml

ZUTATEN

je 50 g grüne, gelbe und rote Paprikaschoten
50 g gehackte Schalotten
50 g Butter
100 g gehackte Champignons
1/2 zerpreßte Knoblauchzehe
15 g Mehl
300 ml Hühnerbrühe
Salz und Pfeffer

1 Paprikaschoten in Wasser weich kochen. Halbieren, Kerne und Haut entfernen, fein würfeln.

2 Schalotten in 25 g Butter andünsten. Pilze und Knoblauch zugeben und unter Rühren 5 Min. köcheln lassen.

3 Mehl zugeben, 30 Sek. köcheln lassen, Brühe einrühren, aufkochen. Paprika und restliche Butter nach und nach zufügen, mit Salz und Pfeffer abschmecken.

Rote Paprikasauce

Vorbereitungszeit: 15 Min.
Garzeit: 12 Min.
Ergibt 175 ml

ZUTATEN

1 rote Paprikaschote, entkernt und geviertelt
25 g feingehackte Schalotten
150 g Butter
Salz und Pfeffer
1 TL Zitronensaft

1 Die Paprikaschoten grillen, bis die Haut Blasen wirft. Die äußere Haut abziehen, Paprika abspülen, pürieren.

2 Schalotten in 25 g Butter dünsten, das Paprikamus einrühren.

3 Die restliche Butter wie bei der Buttersauce unterrühren. Abschmecken.

Sauce hollandaise

Die Sauce soll so warm gehalten werden, daß das Eigelb zwar eindickt, aber nicht ausflockt.

Vorbereitungszeit: 5 Min.
Garzeit: 15 Min.
Ergibt 150 ml

ZUTATEN
3 EL Weißweinessig
6 Pfefferkörner
1 Lorbeerblatt
Muskatnußblüte
2 Eigelb
Salz
100 g weiche Butter
Saft von 1 Zitrone

1 Essig, Pfefferkörner, Lorbeerblatt und Muskat aufkochen und bis auf 1 EL Flüssigkeit einkochen. Eigelb, Salz und einen Löffel Butter vermischen. Im Wasserbad unter Rühren eindicken, dabei darf das Wasser nicht kochen.

2 Den eingedickten Essig mit der Eimischung verrühren, und die weiche Butter nach und nach unterrühren.

3 Die dickflüssige Sauce vom Herd nehmen, 1 Min. kräftig rühren. Zitronensaft und Salz unterheben. Im Wasserbad warm halten.

Hollandaise aus dem Mixer

1 EL Weinessig und 2 EL Zitronensaft aufkochen. 3 Eigelb und 1 Prise Salz im Mixer verquirlen. Die Mischung aus heißem Weinessig und Zitronensaft dazurühren. 175 g Butter zergehen lassen und langsam, während der Mixer läuft, zu den Eiern geben. Abschmecken.

Pasteten mit Gemüse füllen und mit Sauce hollandaise garnieren, oder Fischfilet mit Sauce hollandaise übergießen und im Grill bräunen.

Sauce mousseline

Diese luftige Sauce läßt sich mit dem Mixer leicht herstellen. Sie kann aber auch auf hergebrachte Weise mit einem Schneebesen zubereitet werden, dazu sind Kraft und gutes Küchengerät erforderlich.

Vorbereitungszeit: 2 Min.
Garzeit: 10 Min.
Ergibt 150 ml

ZUTATEN
2 Eier
1 Eigelb
1 TL Weinessig
3 EL Fisch-, Kalbfleisch- oder Hühnerfond
Salz und Pfeffer
50 g weiche Butter

1 Eier, Eigelb, Weinessig, Fond und Gewürze im Wasserbad erwärmen.

2 Unter Rühren eindicken. Vom Herd nehmen. Butter nach und nach hinzufügen.

Darauf sollten Sie achten

Abstand zwischen Wasserbad und Rührtopf halten.

Variationen

- ☐ 1-2 EL halb geschlagene Sahne zum Schluß unterheben.
- ☐ Gekochtes Gemüse würfeln und in die Sauce geben.
- ☐ Grüne und rote Pfefferkörner über die Sauce streuen.
- ☐ Für fruchtige Vorspeisen Brühe durch Zitronensaft ersetzen.

Kalt serviert

Die Sauce rühren, bis sie kalt ist, ins Gefrierfach stellen, Sahne zugeben, mit Melonenscheiben und Kerbel servieren.

Sauce béarnaise

Eine Variante der Sauce hollandaise. Schalotten, Estragon und Kerbel ergeben ein Aroma, das vorzüglich zu Fleisch, Huhn und Fisch paßt.

Tomatensuppe mit Basilikum

Diese Suppe verbindet die Würze von frischem Basilikum mit der angenehmen Säure von reifen Tomaten. Crème fraîche gibt den Pfiff.

Vorbereitungszeit: 15 Min.
Garzeit: 10 Min.
Für 6 Portionen

ZUTATEN

- **2,3 kg Tomaten**
- **24 große Basilikumblätter**
- **175 g gesalzene Butter**
- **Salz und schwarzer Pfeffer**
- **75 g Crème fraîche**

1 Die Tomaten 5-7 Sek. in kochendem Wasser blanchieren, die Haut abziehen und halbieren. Saft und Samen durch ein Sieb geben. Den Saft aufheben, das Fruchtfleisch in Streifen schneiden.

2 6 Basilikumblätter beiseite legen, den Rest grob hakken. Tomatenstreifen, Saft, Basilikum und Butter bei mittlerer Hitze wenig rühren.

3 Wenn die Tomatenstreifen sich auflösen, die Hitze erhöhen, die restliche Butter zugeben und kräftig rühren. Mit Salz und Pfeffer würzen.

4 Die Suppe auf Teller füllen, Crème fraîche in die Mitte geben und mit den ganzen Basilikumblättern garnieren. Sofort servieren.

TIP

Kleinere Mengen Tomaten häutet man, indem man sie einritzt, auf eine Gabel steckt und über einer Flamme oder auf dem Grill dreht, bis die Haut sich löst.

Warme Baguettes dazu servieren.

Tomatenstreifen, Saft und Basilikum mit 50 g Butter bei höchster Temperatur (100 %) zugedeckt 10 Min. garen. Die restliche Butter unterschlagen und in weiteren 5-10 Min. die Tomaten weich kochen, würzen und aufgewärmte Brötchen dazu servieren. 6 Brötchen benötigen zum Auftauen 2-3 Min. Bei dieser Stufe trocknen sie nicht aus.

Spargelcremesuppe

Für diese Suppe verwendet man am besten frisches Gemüse.

Vorbereitungszeit: 1 Std.
Garzeit: ca. 40 Min.
Für 4 Personen

Z U T A T E N

500 g Spargel
70 g Butter
1 EL Mehl
1 kleine, gehackte Zwiebel
4 EL Sahne
2 EL geriebener Granakäse
frischer Kerbel
1 l Brühe
Salz und Pfeffer

1 Den Spargel putzen, die harten Enden entfernen, in Stücke schneiden.

2 Den Spargel in Salzwasser 15 Min. kochen, gut abtropfen lassen, in wenig Butter kurz dünsten und durch ein Sieb passieren.

Zur Spargelcremesuppe schmeckt ein gut gekühlter trockener Weißwein.

3 Die Zwiebel in der Hälfte der restlichen Butter anbraten, mit Mehl bestäuben und gut umrühren. Mit Brühe ablöschen. Nach und nach den Rest Brühe zugeben, aufkochen.

4 Den passierten Spargel mit einem Schneebesen unterrühren; mit Salz abschmekken, pfeffern und ca. 10 Min. köcheln.

5 Die Suppe durch ein Sieb passieren, erneut aufkochen und endgültig vom Herd nehmen.

6 Mit der restlichen Butter, Sahne und Kerbelblättern verfeinern. Den geriebenen Käse dazu reichen.

Herzhafte Gemüsesuppe

Deftig zubereitet mit Speck und Zwiebeln, wird diese Suppe mit Olivenöl, Pfeffer und gehackten Kräutern verfeinert.

Vorbereitungszeit: 30 Min.
Garzeit: ca. 1 Std.
Für 4 Personen

Z U T A T E N

200 g frische Palbohnen
150 g Kartoffeln
200 g Tomatenpüree
2 Zucchini
3 Karotten
1 große Zwiebel
1 Lauchstange
1 Stangensellerie
1 Knoblauchzehe
Petersilie und Basilikum
80 g Bauchspeck
Öl, Salz und Pfeffer
gemischte Kräuter

1 Speck, Lauch und 1/2 Zwiebel hacken. Alles Gemüse putzen, waschen und würfeln.

2 3 EL ÖL in einen großen Topf erhitzen. Den Speck darin anbraten.

3 Zwiebel und Lauch zugeben und weichdünsten.

4 Das restliche Gemüse und die Bohnen hinzufügen, mit Salz und Pfeffer würzen und unter gelegentlichem Umrühren anbraten.

5 Petersilie, Basilikum und Knoblauch fein hacken und mit dem Tomatenpüree zum Gemüse geben.

6 Mit kaltem Wasser bedekken, Deckel auflegen, und bei niedriger Hitze das Gemüse garen. Die Suppe mit etwas Olivenöl beträufelt und gehackten Kräutern bestreut servieren.

Brunnenkresse-Suppe

KLASSISCH

Die sommerliche Brunnenkresse-Suppe hat ein zartes Aroma und wird heiß oder kalt mit knusprigen Croûtons oder Kräutertoast serviert.

Vorbereitungszeit: 10 Min.
Garzeit: 15 Min.
Für 4 Personen

ZUTATEN

25 g Butter
1 feingehackte Schalotte
1 zerdrückte Knoblauchzehe
1 geraspelte Salatgurke
300 ml Hühnerbrühe
175 g Brunnenkresse
225 g Joghurt
Für die Croûtons
2 Scheiben Weißbrot
1/2 Knoblauchzehe
1 EL Öl
Brunnenkresse zum Garnieren

1 Schalotte und Knoblauch in Butter weichdünsten. Gurke und Brühe hineingeben und 10 Min. köcheln lassen.

2 Brunnenkresse von groben Stielen befreien, Blätter zur Gurkenmischung geben und 4 Min. kochen. Suppe in der Küchenmaschine fein pürieren, Joghurt mit etwas Suppe verrühren. Alles unter Rühren vorsichtig erhitzen, nicht kochen.

3 Für die Croûtons Brot entrinden und würfeln. Pfanne mit Knoblauch ausreiben und Öl erhitzen. Brotwürfel goldbraun braten und auf Küchenkrepp abtropfen lassen. Suppe mit Croûtons und Brunnenkresse garniert servieren.

TIP

Etwas Joghurt zurückbehalten, und die Suppe damit garnieren.

Brot mit Butter bestreichen und gemischte Kräuter aufstreuen. Kräutertoasts in Alufolie wickeln und 15 Min. bei 190° C im Ofen rösten.

Hühnersuppe

Diese köstliche, klare Hühnersuppe, mit frischen Zutaten zubereitet, ist nahrhaft und kalorienarm zugleich. Wieder aufgewärmt schmeckt sie am besten.

Vorbereitungszeit: 15 Min.
Garzeit: 1 Std., 20 Min.
Für 4 Personen

ZUTATEN

2 große Hühnerteile
1 gehackte Zwiebel
3 Karotten in Scheiben
1 Pastinake in Scheiben
1 gehackte Selleriestange
1 Lauchstange in Scheiben
1 gehackte Tomate
300 ml Hühnerbrühe
1/2 TL Salz
1/2 TL schwarze Pfefferkörner
1/2 TL Zucker
2 Karotten in Stiften

Zum Garnieren

1 EL gehackte Petersilie
Brötchen zum Servieren

1 Hühnerfleisch, Zwiebeln, Karottenscheiben, Pastinake, Sellerie, Lauch und Tomate zusammen mit Hühnerbrühe, Salz, Pfefferkörnern und Zucker langsam zum Kochen bringen.

TIP

Evtl. kurz vor dem Servieren Vermicelli zugeben.

2 Die Suppe abschäumen und zugedeckt bei wenig Hitze 1-1 1/4 Std. köcheln lassen.

3 Die Brühe durch ein Sieb in einen Topf seihen, das Hühnerfleisch in dünne Streifen schneiden.

4 Die Karottenstifte in die Suppe geben, bei wenig Hitze 3-5 Min. köcheln lassen. Das Hühnerfleisch dazugeben, 1 Min. köcheln lassen. In vorgewärmten Suppentellern mit Brötchen und etwas gehackter Petersilie servieren.

Fleischbrühe mit Ei

Diese Suppe wird je nach Region mit Zitronen-schale oder Petersilie gewürzt.

Vorbereitungszeit: 15 Min.
Garzeit: 3-4 Min.
Für 4 Personen

ZUTATEN
4 Eier
4-5 EL geriebener Parmesan
1 EL gehackte Petersilie
geriebene Muskatnuß
1 1/2 l Fleischbrühe
Salz

1 Eier verquirlen und den Parmesan zugeben. Gleichmäßig verrühren.

2 Wenn die Mischung glatt ist, mit Petersilie, einer Prise Salz und geriebener Muskatnuß würzen.

3 Mit 100 ml kalter Brühe verdünnen und gründlich verquirlen.

4 Restliche Brühe aufkochen, Ei-Käse-Mischung nach und nach hineingießen, 3-4 Min. bei mittlerer Hitze unter ständigem Schlagen mit dem Schneebesen köcheln lassen.

TIP

Um die Suppe etwas mehr zu binden, 3 EL feinen Grieß zur Eimischung geben. Nach Geschmack geriebenen Parmesan getrennt zur Suppe servieren.

Zwiebelsuppe

Die ursprünglich aus Frankreich stammende Zwiebelsuppe ist mittlerweile international geworden.

Vorbereitungszeit: 1½ Std.
Garzeit: 1 Std.
Für 4 Personen

ZUTATEN

500 g Zwiebeln
1 Baguette
50 g Butter
25 g Mehl
200 g Emmentaler Käse
1 l Fleischbrühe
⅛ l trockener Weißwein
3 EL Brandy
geriebene Muskatnuß
Salz und Pfeffer

1 Zwiebeln in Scheiben schneiden und mit der Hälfte der Butter bei wenig Hitze in etwa 10 Min. glasig dünsten. Mit Salz, Pfeffer und Muskatnuß würzen, mit Mehl bestäuben, Wein und Brandy angießen und gut umrühren.

2 Flüssigkeit etwas verkochen lassen, Brühe angießen, aufkochen und zugedeckt ca. 45 Min. köcheln lassen. Den Backofen auf 200° C vorheizen.

3 Baguette in Scheiben schneiden, von beiden Seiten mit Butter bestreichen und auf Alufolie legen. Im Backofen von beiden Seiten anrösten. Den Boden einer ofenfesten Form damit auslegen.

4 100 g Käse reiben, über das Brot streuen. Heiße Suppe darüberschöpfen.

5 Die Suppe mit dem restlichen, in dünne Scheiben geschnittenen Käse belegen und in etwa 10 Min. überbacken, bis der Käse zu bräunen beginnt.

Frische Erbsensuppe

Diese Suppe „lebt“ vom Geschmack der frischen Erbsen. Sie muß direkt vor dem Servieren zubereitet werden und sieht mit etwas Sahne dekoriert sehr hübsch aus.

Vorbereitungszeit: 15 Min.
+ Zeit zum Abkühlen
Garzeit: 25 Min.
Für 6 Personen

ZUTATEN

- 900 g frische Erbsen
- 50 g Butter
- 1 Knoblauchzehe
- 1,4 l Hühnerbrühe
- 150 ml Crème double, etwas zum Servieren
- Salz und Pfeffer

1 Die Erbsen palen (ergibt 450 g) und in 175 ml Wasser 5 Min. köcheln. Abgießen, die Flüssigkeit auffangen.

2 Knoblauch und Erbsen in Butter 5 Min. bei milder Hitze dünsten. Brühe und Kochflüssigkeit der Erbsen zugeben, aufkochen und bei wenig Hitze 10 Min. köcheln lassen.

TIP

Gefrorene Erbsen sind ebenfalls geeignet. 450 g aufgetaute nicht kochen, sondern gleich in Butter dünsten. Die Suppe mit Kerbel statt Crème double garnieren.

3 Abkühlen lassen, dann pürieren oder durch ein Sieb drücken. Mit der Crème double erhitzen, ohne zu kochen, und abschmecken. Mit etwas Crème double servieren.

m

Die Erbsen mit 100 ml kochendem Wasser abgedeckt in der Mikrowelle bei Hochtemperatur (100%) 5-8 Min. kochen, zwischendurch zweimal umrühren. Abgießen, die Flüssigkeit aufbewahren. Die Butter in einem Topf 45 Sek. zergehen lassen. Erbsen und Knoblauch zugeben, 5 Min. garen. Kochende Brühe und Kochflüssigkeit zugeben, zudecken und 10 Min. garen, zwischendurch 2x umrühren. Pürieren und weitere 2 Min. erwärmen, dabei einmal umrühren. Gefrorene Erbsen unaufgetaut ohne Wasser 10 Min. garen.

Linsensuppe mit Speck

Die Suppe ist eine nahrhafte und sättigende Hauptmahlzeit, die der ganzen Familie im Winter besonders gut schmeckt.

Vorbereitungszeit: 10 Min.
Garzeit: 40-50 Min.
Für 6 Personen

ZUTATEN

225 g braune oder grüne Linsen

150 ml Olivenöl

1 geschälte, dünn geschnittene Zwiebel

100 g oder eine Scheibe Schinken, gewürfelt

2 gehackte Knoblauchzehen

2 geschälte und in 6 mm dicke Scheiben geschnittene Möhren

1 Stange Bleichsellerie, in 6 mm dicke Stücke geschnitten

400 g Tomaten aus der Dose

1 EL getrockneter Oregano

Salz und gemahlener schwarzer Pfeffer

Für Croûtons

2 dünne Scheiben Weißbrot

Öl zum Braten

1 Die Linsen gründlich in heißem Wasser waschen

TIP

Während die Croûtons auf Küchenpapier abtropfen, Salz und Pfeffer darüberstreuen.

2 In einem großen Topf 3 EL Olivenöl erhitzen, Zwiebel, Schinken und die Hälfte vom Knoblauch darin anbraten. Den Rest Öl und Zutaten hinzugeben, alles im zugedeckten Topf kurz aufkochen und 30-40 Minuten simmern lassen, bis die Linsen gar sind.

3 Für die Croûtons werden die Brotränder abgeschnitten und die Scheiben gewürfelt. Reichlich Öl in einer Pfanne heiß werden lassen, die Croûtons darin rösten, bis sie leicht gebräunt sind. Mit einer Schaumkelle herausheben und auf Küchenpapier gut abtropfen lassen. Die Croûtons über die Suppe streuen.

Ochsenschwanzsuppe mit dicken Bohnen

KLASSISCH

Dieses Gericht hat den großen Vorteil, daß man die Hauptarbeit nur einmal hat, da eine große Portion vorbereitet wird, von der man 3/4 einfriert.

Vorbereitungszeit: 5 Min.
Garzeit: $3\frac{1}{2}$ Std.
Für 6 Personen

Z U T A T E N

- **900 g Ochsenschwanz**
- **Salz und Pfeffer**
- **2 EL Pflanzenöl**
- **2 Zwiebeln in Scheiben**
- **2 kleine Karotten in Scheiben**
- **1 Selleriestange in Scheiben**
- **1 EL Tomatenpüree**
- **2 EL Mehl**
- **225 ml Rotwein**
- **1,4 l Rinderbrühe oder Wasser**
- **1 Lorbeerblatt**
- **1 Zweig Thymian**
- **400 g dicke Bohnen aus der Dose**

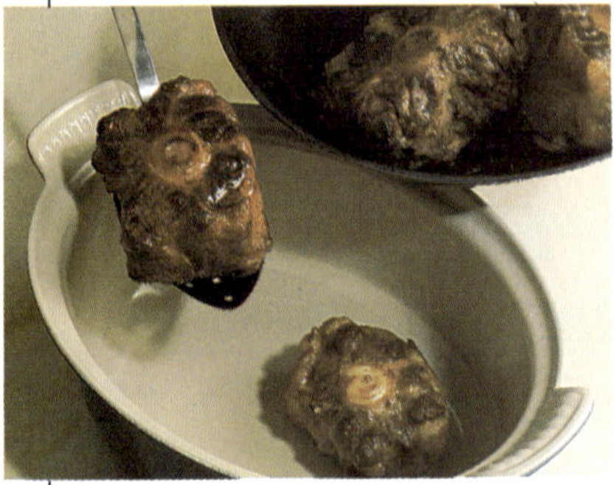

1 Den Ofen auf 170° C (Gas Stufe 3) vorheizen. Das Fleisch salzen, pfeffern und im heißen Öl in 5 Min. braun braten. Danach in eine Kasserolle umfüllen.

TIP

Mit Sherry, Madeira, Portwein oder Cognac die Suppe kurz vor dem Servieren verfeinern. Süßer Sherry ist am besten geeignet.

2 Zwiebeln, Karotten und Sellerie in der Pfanne 5 Min. anbraten, Tomatenpüree und Mehl einrühren. Vom Herd nehmen, und Rotwein und Brühe aufgießen. Kurz aufkochen und über das Fleisch gießen.

3 Lorbeerblatt und Thymian zugeben, und zugedeckt im Ofen 3 Std. garen, bis sich das Fleisch von dem Knochen löst. Alle Schwanzstücke herausnehmen, $\frac{3}{4}$ davon und genügend Flüssigkeit einfrieren.

4 Das Fleisch vom Knochen lösen. Lorbeer und Thymian aus der restlichen Sauce nehmen. Etwas Brühe aufgießen, damit die Sauce flüssiger wird, und mit dem Fleisch erhitzen. Die Bohnen zugeben, würzen und erneut erhitzen.

Nahöstliche Bohnensuppe

Die traditionelle Hühnersuppe ist nicht die einzige Variation, bei der sich israelische Köche übertreffen. Hier wurden zusätzlich Hülsenfrüchte verwendet.

Vorbereitungszeit: 5 Min.
+ Zeit zum Einweichen
Garzeit: 2 Std.
Für 6 Personen

Z U T A T E N

- **100 g Augenbohnen**
- **3 EL Olivenöl**
- **1 feingehackte Zwiebel**
- **2 Stangen Bleichsellerie, gehackt**
- **8 Tomaten, gehäutet und gehackt**
- **100 g grüne Linsen**
- **600 ml Hühnerbrühe**
- **1/2 TL Kurkuma**
- **1/2 TL Zimtpulver**
- **Saft von 1/2 Zitrone**
- **2 EL gehackte Petersilie**
- **Salz und Pfeffer**

1 Bohnen über Nacht einweichen. Abspülen und mit viel Wasser 45 Min. köcheln. Abgießen und beiseite stellen.

2 Olivenöl erhitzen, Zwiebel und Sellerie 3 Min. weich dünsten. Tomaten hinzufügen und weitere 3 Min. garen.

Diese Suppe mit heißem, knusprigem Knoblauchbrot als wärmende Abendmahlzeit servieren.

3 Tomatenmischung mit Bohnen, Linsen, Brühe und 1,2 l Wasser in eine feuerfeste Kasserolle geben. Aufkochen und etwa 1 Std. köcheln lassen, bis alle Zutaten weich sind. Evtl. aufsteigenden Schaum abschöpfen.

4 Kurkuma, Zimt, Zitronensaft, Petersilie, Salz und Pfeffer hinzufügen, weitere 5 Min. köcheln lassen.

TIP

Hülsenfrüchte immer nur beim Händler kaufen, bei dem die Ware schnell umgeschlagen wird. Wenn Hülsenfrüchte alt werden, brauchen sie viel längere Garzeiten.

Krabbensuppe mit Gemüse

Diese deftige Suppe schmeckt am besten mit frischen Krabben. Sowohl das helle wie auch das dunkle Fleisch verwenden. Krabbenfleisch aus der Dose erspart eine lange Vorbereitungszeit.

Vorbereitungszeit: 10 Min.
Kochzeit: 30 Min.
Für 6-8 Personen

ZUTATEN

50 g durchwachsener Speck
1 grüne Paprikaschote
350 g Kartoffeln
25 g Butter
1 gehackte Zwiebel
1 EL Mehl
450 ml Fischbrühe
450 ml Sahne
Salz und Pfeffer
1 Prise geriebene Muskatnuß
1 Prise Cayennepfeffer
100 g Krabbenfleisch
300 g Mais aus der Dose

1 Den Speck kleinschneiden. Die Paprikaschote halbieren, entkernen, in Ringe schneiden, klein würfeln. Die Kartoffeln schälen und würfeln.

Die Krabbensuppe mit dunklem Brot servieren und mit Dillspitzen dekorieren. Zu besonderen Anlässen 150 ml Fischbrühe durch Weißwein ersetzen.

2 Den Speck glasig dünsten, die Butter dazugeben und zergehen lassen. Paprika-, Kartoffel- und Zwiebelwürfel dazugeben. 7-8 Min. langsam dünsten und gelegentlich umrühren.

3 Mehl über die Speck- und Gemüsemischung streuen und einige Minuten rühren, bis sie aufschäumt. Die Fischbrühe, Sahne und Gewürze verrühren und dazugießen. Aufkochen und 15 Min. köcheln lassen, bis das Gemüse gar ist.

4 Das Krabbenfleisch zerkleinern und mit dem abgetropften Mais zur Suppe geben. Einige Minuten kochen lassen, nachwürzen und servieren.

China-Suppe

Mageres Schweinefleisch, getrocknete Pilze und knackiges Gemüse — diese Suppe ist ideal, wenn man schlank bleiben möchte.

Vorbereitungszeit: 10 Min.
+ Zeit zum Marinieren
Garzeit: 10 Min.
Für 6 Personen

ZUTATEN

- 150 g mageres Schweinefleisch
- 2 EL helle Sojasauce
- 2 TL Sake
- 1,2 l klare Hühnerbrühe
- 4 getrocknete chinesische Pilze (eingeweicht, in dünnen Scheiben)
- 1 Karotte (zu Blumen geschnitten)
- 40 g Glasnudeln
- 2-3 Tropfen Tabasco
- Salz und Pfeffer
- 24 geputzte, blanchierte Zuckerschoten

1 Das Fleisch in 5 mm Scheiben schneiden, in Sojasauce und Sake 10 Min. marinieren.

TIP

Glasnudeln gibt es in gutsortierten Supermärkten zu kaufen. Sie sind schnell gekocht und schmecken in kräftig gewürzten Suppen besonders gut.

2 Das Fleisch mit der Marinade, Pilzen und Karotten in der Brühe aufkochen. Bei wenig Hitze 3 Min. köcheln, evtl. abschäumen. Nudeln zugeben, erneut aufkochen und 2 Min. köcheln. Tabasco zugeben, abschmecken.

3 Die Zuckerschoten auf 6 vorgewärmte Suppenschalen verteilen. Die heiße Suppe in die Schalen gießen und sofort servieren.

Pizza, Pasta und Reis

Pizza und Pasta

Selbstgemachte Pizza und Pasta mit leckerem Belag oder exzellenter Sauce schmecken immer. Die folgenden Rezepte garantieren den Erfolg.

Pizza

Am gebräuchlichsten ist Hefeteigboden. Geeignet ist aber auch ein in der Pfanne zubereiteter Boden, den man mit Tomatensauce und anderen ausgewählten Zutaten belegt. Dafür eignen sich geschnittene Champignons, Zwiebeln, Paprikaschoten, Peperonisalami, Käse, Mais, Schinken, kleingeschnittener Speck, Garnelen, Krabben, Thunfisch, Spinat, Artischockenherzen, Eier, Hähnchen, Fleisch, Muscheln, Anchovis, Oliven, Kapern und frische oder getrocknete Kräuter.

Pasta

Frische Nudeln gibt es mittlerweile auch hier zu kaufen – sie schmekken ganz anders als abgepackte. Aus beiden lassen sich jedoch lekkere Pastagerichte bereiten. Selbstgemachte Nudeln sind sehr einfach herzustellen. Sie müssen nur so dünn wie möglich ausgerollt werden. Frische Pasta gibt es meist als Lasagneblätter, Ravioli und Tortellini zu kaufen. In getrockneter Form sind sie in den verschiedensten Formen und Größen erhältlich.

Typischer Pizzaboden

Der Teig wird mit Frisch- oder Trocken-Backhefe zubereitet.

Vorbereitungszeit: 2 Std.
Backzeit: 15-20 Min.
Ergibt: 4 Böden, 23 cm

ZUTATEN
700 g Mehl
1/2 TL Salz
20 g Frisch-Backhefe oder 10 g Trockenhefe
1/2 TL Zucker
Mehl zum Bestäuben
Öl zum Einpinseln

1 Mehl und Salz in eine Schüssel sieben. Frische Hefe mit 150 ml lauwarmem Wasser verrühren und an einem warmen Ort 10-15 Min. quellen lassen. Bei Trockenhefe Zucker ins Wasser geben und über die Hefe gießen, quellen lassen.

2 Die Hefemischung mit 300 ml lauwarmem Wasser zum Mehl geben.

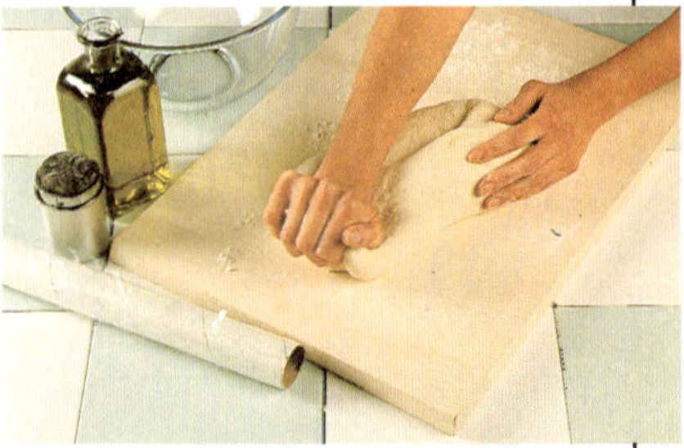

3 Zu einem Teig vermischen und auf einer bemehlten Arbeitsfläche verkneten. Dabei den Teig mit dem Handballen ziehen, zusammenkneten und wieder ziehen. In 10 Min. glatt und geschmeidig kneten.

4 Eine Kugel formen und in einer leicht geölten Schüssel abgedeckt an einem warmen Ort ca. 1 Std. gut aufgehen lassen.

5 Den Teig erneut glatt kneten und in 4 Teile teilen. Jeweils 23 cm Ø-Kreise ausrollen und auf geölten Backblechen 20 Min. aufgehen lassen.

6 Mit Öl bestreichen, belegen und bei 220° C (Gas Stufe 7) in 15-20 Min. den Teig hellbraun backen.

TIP

Frisch-Backhefe geht auch ohne Zucker auf.

Pizzaboden aus der Pfanne

Dieser knusprige, kuchenähnliche Teig ist besonders einfach und schnell zubereitet.

Vorbereitungszeit: 10 Min.
Garzeit: 20 Min.
Ergibt: 1 Boden, 23 cm

ZUTATEN

175 g Mehl
½TL Salz
40 g Butter
1 Ei
2 EL Milch
Öl zum Braten

1 Mehl und Salz in eine Schüssel sieben und mit der Butter zu einer brotkrumenähnlichen Konsistenz verarbeiten.

2 Mit Ei und Milch zu einem Teig vermischen. Eine Kugel formen und zu einem 23 cm Ø-Kreis ausrollen.

TIP

Dem Teig frische oder getrocknete Kräuter zugeben.

3 In eine leicht geölte Pfanne geben, die Ränder begradigen und bei starker Hitze die Unterseite in 5-7 Min. braunbraten.

4 Mit Öl bestreichen, belegen und ca. 10 Min. grillen bis der Belag fertig ist.

In der Pfanne fertigbraten

Diese Pizza kann auch nur in der Pfanne hergestellt werden. Man dreht den Boden um und belegt ihn. Während die Unterseite bräunt, wird der Belag heiß.

Pizza-Belag

Eine 23 cm Ø Pizza reicht für 1 Person als Hauptmahlzeit oder für 4 Personen als Snack.

Tomatensauce als Grundlage

1 gehackte Zwiebel und 1 zerdrückte Knoblauchzehe in 2 El Olivenöl weichbraten. 450 g gehäutete gehackte frische Tomaten oder 400 g aus der Dose, 1 TL getrocknete Kräuter (Basilikum, Oregano, Petersilie), 1 TL Zucker, Salz und Pfeffer zugeben. 15 Min. köcheln lassen, durchseihen.

Siciliana

Tomatensauce auf dem Boden verteilen. Mit grünen, roten und gelben, in Olivenöl angebratenen Paprikastreifen, dünnen Salami- und Champignonscheiben belegen. Als letztes Tomaten- und Mozzarellascheiben auflegen.

4 x Käse

Tomatensauce dünn auf den Boden streichen. Je 1/4 mit geriebenem Gruyère, zerkrümeltem Gorgonzola, geriebenem Parmesan und Bel Paese-Scheiben belegen. Die jeweiligen Käseränder mit Anchovis bedecken, backen und mit frischem Basilikum dekorieren.

Florentina

Den Boden mit Tomatensauce, Tomatenscheiben, blanchierten roten, grünen und gelben Paprika, blanchiertem Spinat und Mozzarellascheiben belegen. 15 Min. backen, ein Ei in die Mitte schlagen und backen, bis das Ei fest ist.

Neptun

Den Boden mit Tomatensauce, Thunfisch, geriebenem Käse, Anchovis, Tomatenscheiben und schwarzen Oliven belegen. Mit Basilikum garnieren.

Typischer Pasta-Teig

Je frischer die Eier sind, desto gelber wird der Teig.

Vorbereitungszeit: 1¾ Std.
+ 1 Std. oder über Nacht
Ergibt: 450 g

ZUTATEN
450 g Mehl, Mehl zum Bestäuben
1 TL Salz
4 Eier
1 TL Olivenöl

1 In die Mitte von gesiebtem Mehl und Salz Eier, Öl und 3 EL kaltes Wasser geben.

2 Das Mehl unterarbeiten, dann den Teig auf einer Arbeitsplatte verkneten. Dafür den Teig mit dem Handballen ziehen, zusammenkneten, wieder ziehen. Dabei den Teig jedesmal um ¼ drehen. 15 Min. kneten, bis der Teig glatt und geschmeidig ist und sich kleine Luftblasen unter der Oberfläche bilden.

3 In einer Plastiktüte 1 Std. bei Raumtemperatur oder über Nacht im Kühlschrank ruhen lassen.

4 Den Teig in 4 Teile teilen, 3 in der Tüte lassen, den vierten auf einer bemehlten Arbeitsfläche so dünn wie möglich ausrollen. Vor dem Zuschneiden 10 Min. ruhen lassen.

Grüne Nudeln: 350 g Mehl, ¼ TL Salz, 2 Eier, 1 EL Crème double, 5 EL pürierter Spinat.

Rote Nudeln: Eier und Öl mit 3 EL Tomatenpüree vermischt zum Mehl geben.

Zubereitung von Pasta

Frische oder abgepackte Nudeln werden auf dieselbe Art gekocht und serviert.

Wieviel?

Zwischen 50-70 g abgepackte und bis zu 225 g frische Nudeln rechnet man pro Person.

Perfektes Kochen

Entweder man kocht Pasta in kochendem Wasser oder man gart größere Stücke in Sauce. Pro 450 g Nudeln 3,4 l Wasser mit 2 TL Salz aufkochen. 1 EL Öl zugeben, damit die Nudeln nicht zusammenkleben. Die Nudeln ins sprudelnd kochende Wasser geben. Geformte Nudeln gibt man langsam nach und nach ein, damit das Wasser die Temperatur behält. Spaghetti werden in Bündeln ins Wasser gelegt. Wenn

sie weich werden, gehen sie vollständig unter. Mit einer Gabel umrühren, um sie voneinander zu lösen. Nie mit geschlossenem Deckel kochen, da sie sonst schäumend überkochen und man den Topf vom Herd nehmen muß. Je nach Größe abgepackte Pasta 10-12 und frische 3-8 Min. kochen. Röhrennudeln vor dem Füllen kochen. Lasagne kann man schichtweise mit Sauce bedeckt garen.

Wann sind die Nudeln gar?

Pasta sollte al dente, also bißfest gegart werden.

Pasta in der Mikrowelle

Abgepackte: 1,7 l kochendes Wasser 2 Min. bei Hochtemperatur (100 %) erhitzen. Salz, Öl und 225 g Pasta zugeben, auf 100 % nicht zugedeckt 5 Min. garen. Abdecken, 5 Min. ruhen lassen.

Frische: Nicht abgedeckt in kochendem Wasser 1 Min. bei 100 % garen, 1-2 Min. ruhen lassen.

Als letztes:

Die Nudeln abgießen und im Topf max. 1 Min. in Butter schwenken.

Aufwärmen:

Mehr Butter als zum Schwenken unter die heißen Nudeln rühren, abkühlen lassen und bei Gebrauch im Topf aufwärmen.

Selbstgemachte Pasta

Pasta kann ohne Schwierigkeiten selbstgemacht werden. Den Teig mit Spinat oder Tomatenpüree färben (siehe Seite 118).

Tagliatelle

Die Teigplatte aufrollen und 12 mm dicke Stücke abschneiden. Danach auf einem Trockentuch entrollen. Mit einem zweiten Tuch bedeckt mind. 1 Std. und max. über Nacht trocknen lassen.

Lasagne

Die Teigplatte in 6,5 x 12,5 cm große Rechtecke schneiden, zwischen zwei Tüchern wie Tagliatelle trocknen lassen.

Tortellini

5 cm Ø-Kreise ausstechen. 1 TL Füllung daraufgeben und zu Halbkreisen falten. Die Ränder evtl. mit verquirltem Ei zukleben. Einzeln um den Zeigefinger wickeln und die Ecken zusammendrücken, wie Tagliatelle trocknen lassen.

Tortellinifüllung: 1 gehäutete Hähnchenbrust in 25 g Butter und 1 EL Öl 10 Min. braten. Grob zerkleinern und mit 75 g gekochtem Schinken, 75 g Mortadella, 75 g geriebenem Parmesan und 2 verquirlten Eiern pürieren. Abkühlen und bis zum Gebrauch kalt stellen.

Nudelmaschinen

Handbetriebene Nudelmaschinen funktionieren wie eine Mangel. Ein flaches Teigstück wird so oft durchgedreht, bis es richtig dünn ist. Dikke Nudeln schmecken wie sie aussehen - zu fest und schwer. Für häufiges Nudelherstellen lohnt sich eine elektrische Nudelmaschine, zu der auch Zubehör für die verschiedensten Formen gehört.

Pasta-Arten

Formen

1 **Pastini:** alle sehr kleinen Formen, für Suppen
2 **Vermicelli:** dünne Spaghettiart, wird aufgerollt verkauft
3 **Spaghetti:** lange, dünne Stäbchen
4 **Bigoli:** Vollkornspaghetti
5 **Farfalle:** Schmetterlinge
6 **Malloreddus:** Muscheln mit Rillen
7 **Conchiglie:** Muscheln
8 **Lumache:** Schnecken
9 **Penne:** Federkiele
10 **Rigatoni:** kurze Röhrchen
11 **Fussili:** Spiralen

TIP

Lasagne kann mit einem EL Öl in kochendem Wasser gegart werden. Danach auf einem Tuch trocknen lassen und schichtweise mit Fleischsauce füllen.

Flache Pasta

1 **Lasagne:** Pastarechtecke, glatt oder mit Löchern
2 **Lasagnette:** längliche Stücke mit geriffeltem Rand
3 **Pappardelle:** ähnlich wie Lasagnette
4 **Cannelloni:** größere Röhren
5 **Tagliatelle:** aufgerollte Bänder

2 Die Nudeln abgießen, in der Butter schwenken und mit der Ei-Käsecreme servieren.

Pasta-Saucen

In Italien ist genau definiert, welche Sauce zu welcher Nudel gehört. Generell werden dünne Saucen zu geformten Nudeln und schmalen Röhrchen und dickere Saucen zu flachen Pastastücken gereicht.

Tagliatelle Verdi mit Käse

Vorbereitungszeit: 5 Min.
Garzeit: 10 Min.
Für 4 Personen

ZUTATEN

900 g frische Tagliatelle
Salz und Pfeffer
3 Eigelb
6 Anchovisfilets, abgetropft und kleingehackt
175 g gewürfelter Bel Paese
50 g Butter
Thymian zum Garnieren

1 Die Nudeln 6 Min. in kochendem Salzwasser garen. Inzwischen Eigelb mit Salz und Pfeffer verschlagen, Anchovis und Käse zugeben.

Farfalle mit Pesto

Vorbereitungszeit: 5 Min.
Garzeit: 10 Min.
Für 4 Personen

ZUTATEN

65 g frisches Basilikum
1/2 TL Salz
3 geschälte Knoblauchzehen
25 g Pinienkerne
100 g geriebener Parmesan oder 1/2 Parmesan und 1/2 Pecorino
150 ml Olivenöl
350 g Farfalle
50 g Butter

1 50 g Basilikum, Knoblauch, Pinienkerne und Käse im Mixer pürieren.

2 Das Öl langsam unter Rühren zugeben, bis eine glatte Sauce entsteht.

3 Die Nudeln 10 Min. garen, in Butter schwenken. Mit Basilikum garnieren und mit Pesto servieren.

Spaghetti mit Venusmuscheln

Vorbereitungszeit: 10 Min.
Garzeit: 20 Min.
Für 4 Personen

ZUTATEN

- 3 EL Olivenöl
- 1 feingehackte Zwiebel
- 2 zerdrückte Knoblauchzehen
- 450 g Tomaten aus der Dose
- 350 g Spaghetti
- Salz und Pfeffer
- 700 g Venusmuscheln aus der Dose
- 4 EL gehackte Petersilie, etwas zum Garnieren

1 Zwiebel und Knoblauch 5 Min. im Öl anbraten. Tomaten hacken, zugeben und einkochen lassen.

2 Währenddessen die Spaghetti 10-12 Min. in kochendem Salzwasser garen, abgießen, in Butter schwenken.

3 Muscheln und Petersilie zur Sauce geben und pikant abschmecken. Erhitzen und mit den Spaghetti, mit Petersilie garniert, servieren.

Pappardelle mit Pilzen und Schinken

Vorbereitungszeit: 5 Min.
Garzeit: 15 Min.
Für 4 Personen

ZUTATEN

- 2 EL Olivenöl
- 50 g Butter
- 1 kleingehackte Zwiebel
- 2 zerdrückte Knoblauchzehen
- 3 EL gehackte Petersilie
- 225 gemischte rosé und weiße Champignons in Scheiben
- 900 g frische Pappardelle
- Salz
- 100 g kleingeschnittener roher Schinken
- Frische Kräuter zum Garnieren

1 Zwiebel und Knoblauch im Öl mit 25 g Butter weichbraten. 2 El Petersilie und die Pilze zugeben und zugedeckt bei wenig Hitze glasig dünsten.

2 Die Nudeln in kochendem Salzwasser 6-8 Min. garen, abgießen und in der restlichen Butter schwenken.

3 Den Schinken in die Sauce geben. Zusammen mit der Pasta garniert servieren.

Getreide und Reis

Reis und Getreide sind wieder in Mode gekommen. Beide sind Lieferanten von Vitamin E und B, Eisen, Eiweiß, Phosphor, Kohlehydraten, und, besonders bei Vollkorngetreide und unpoliertem Reis, wertvollen Ballaststoffen. Aber beide sind nicht nur gesund, sondern schmekken auch gut.

Getreide in Hülle und Fülle

Beim Einkauf in einem guten Vollwertkost-Geschäft sollte man sich nicht dazu verleiten lassen, alles auf einmal zu kaufen und beladen mit Burghul-Weizen, Hirse, Buchweizen, Hafergrütze, Couscous und Maismehl für Tortillas gleichzeitig heimzukehren. Getreide ist leicht verderblich und schmeckt frisch gekauft und zubereitet am besten.

Reis

So vielseitig und einfach Reis auch zuzubereiten ist, mit der Menge verschätzt man sich leicht. Als Beilage anstelle von Gemüse serviert, berechnet man 2 EL pro Person, zum Curry 4 EL und als Risotto 5 EL pro Person. Ein Reispudding aus 5 EL Reis auf 600 ml Milch reicht für 4-5 Personen.
Selbstverständlich unbegrenzt ist die Menge Reis, die als Glücksbringer traditionell für Brautpaare verschüttet wird!

Weizen

Weizen ist heute das meistangebaute Getreide in Europa und wird in vielen Formen angeboten.

1 Vollkornweizen — hervorragend in Eintöpfen und Reissalat.

2 Vollkornweizenmehl — der hohe Klebergehalt macht Teig elastisch und läßt ihn gut aufgehen.

3 Treib-Mehl — enthält Backpulver für hefefreie Kuchen und Brot.

4 Vollwert-Mehl — enthält Keim- und Randschichten. Mit Weißmehl aufgelockert verwenden.

5 Weißmehl — am besten für hefefreie Kuchen und Feingebäck.

6 Weizenflocken — werden meistens zum Bestreuen von Bauernbrot verwendet.

7 Kleie — gemahlene Spelzen — hoher Fasergehalt.

8 Weizenkeime — gemahlen, enthalten die meisten Nährstoffe.

9 Buchweizen — Samen einer mit Rhabarber verwandten Pflanze — kein Weizen.

10 Burghul — Weizenschrot.

Libanesischer Burghul-Salat

225 g Burghul 1 Std. einweichen, im Küchentuch abtropfen lassen und ausdrücken. In einer Schüssel mit 1 feingehackten Zwiebel, 2 geschälten Tomaten, 2-3 EL Olivenöl, 2 EL gehackter Petersilie, 1 EL gehackter Minze, dem Saft 1/2 Zitrone und 1/2 gewürfelten Gurke mischen. Mit Salz und Pfeffer würzen, mit Minze garniert auf Salatblättern servieren.

Gerste

1 Perlgraupen — aus geschälter Gerste, zum Andicken von Suppen und Eintöpfen geeignet.

2 Gerstentrank
3 Gerstenmehl — ideal für Pfannkuchen, ungeeignet für Brot.

4 Gerstenflocken — sehr gut für Kekse und Müsli.

5 Ungeschälte Graupen — wie Perlgraupen zu verwenden.

Gerstentrank

Für 4 Portionen 100 g Perlgraupen mit 1,2 l Wasser und der abgeriebenen Schale von 2 großen Zitronen aufkochen, 20 Min. köcheln lassen. Durchseihen, 3-4 EL Zucker und den Saft der Zitronen einrühren. Gut kühlen.

Reis

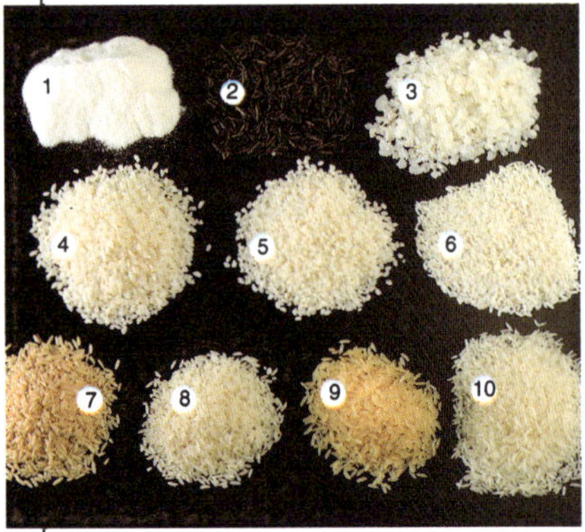

1 Reismehl — in Fertiggerichten als Dickungsmittel verwendet.

2 Wilder Reis — kein echter Reis, sondern Grassamen. Muß mindestens 30 Min. gekocht werden.

3 Reisflocken — wie Milchreis zu verwenden.

4 Arborio-Reis — italienischer Rundkornreis für Risotto.

5 Milchreis — stärkehaltiger Rundkornreis für Süßspeisen.

6 Klebreis — rundkörniger Ketan-Reis, besonders geeignet für japanisches Sushi.

7 Brauner Reis — wurde nur geschält, naturbelassen und daher sehr gesund. Längere Garzeit erforderlich.

8 Weißer Reis — geschält und poliert, enthält daher keine Vitamine, Eiweiß und Fett. Kurze Garzeit.

9 Parboiled Reis — poliert und kurzzeiterhitzt. Bleibt auch nach dem Kochen schön körnig.

10 Basmati-Reis — diese indische Reissorte sollte mehrmals gewaschen werden. Bester Langkornreis mit nußartigem Geschmack.

Reis kochen

Garen in viel Wasser

Diese Methode ist die beste für weniger gute Langkornreis-Arten. Reis waschen und in kochendes Salzwasser geben, umrühren. 10 Min. kochen, probieren, Garzeit evtl. verlängern. Für braunen Reis 35-40 Min. Garzeit kalkulieren. Er sollte noch Biß haben. Abgießen und in einer flachen Schüssel im vorgeheizten Ofen (90° C) 10 Min. abdampfen lassen. Mit einer Gabel lockern.

Absorptionsmethode

Dies ist die nährstoffschonendste Art, Langkornreis zu kochen. Reis waschen und in einen schweren Topf geben. Mit derselben Menge Wasser bedecken (1:1) (für den braunen Reis die doppelte Menge Wasser angießen). Salz hinzufügen, zudecken und köcheln lassen, bis der Reis alle Flüssigkeit aufgenommen hat.

Gebratener Reis

Den trockenen Reis in etwas Öl unter Rühren leicht anbräunen.

Reis und Wasser in einer Schüssel für 10-20 Min. bei Hochtemperatur (100 %) erhitzen. Gelegentlich umrühren. Der Reis ist fertig, wenn alle Flüssigkeit absorbiert ist.

Bunter Reis

Reismischungen kombiniert man ausschließlich aus getrockneten Zutaten und bewahrt sie luftdicht verschlossen auf.

Indischer Reis

Mischung aus 500 g Basmati-Reis, 20 g getrockneten Zwiebeln, 2 TL Knoblauchpulver, 20 Kardamom-Kapseln, 10 roten Chilis, 2 cm Zimtstange (zerrieben), 1½ TL Turmerik, 1½ TL Kümmel, 24 Curryblättern, ½ TL Salz, 50 g Kokosraspeln, 75 g getrockneten Mangos.

Italienischer Reis

Mischung aus 500 g Arborio-Reis, je 1½ TL getrocknetem Oregano und Basilikum, 175 g sonnengetrockneten italienischen Tomaten (gehackt), 75 g getrockneten Gartenerbsen, 25 g Paprikapulver, 75 g Pinienkernen, ½ TL Salz.

Müsli-Reis

Mischung aus 500 g braunem Reis, 75 g Cashewnüssen und je 75 g blanchierten Mandeln, getrockneten Apfelringen (gehackt), entsteinten, getrockneten Pflaumen (gehackt), Aprikosen (gehackt), Birnen (gehackt) und ½ TL Salz.

Chinesischer Reis

Mischung aus 500 g Langkornreis und 25 g Tongku-Pilzen (geschnitten), 75 g Garnelen, 6 Sternanis, 1 TL Szechuan-Pfeffer, ½ TL Salz, 3 EL Sesamsaat.

Zubereitung

25 g Butter erhitzen und 225 g der gewünschten Reismischung hineingeben. 1 Min. rühren, 475 ml kochendes Wasser angießen und 15 Min. köcheln lassen. Müsli-Reis etwa 35-40 Min. garen.

Gelber Reis

Gelber Reis wird in der Regel zu einem Kegel angehäuft serviert.

Vorbereitungszeit: 5 Min.
Garzeit: 15-20 Min.
Für 8 Personen

ZUTATEN
700 g Langkorn-Reis
900 ml Kokosmilch aus der Dose
1 TL gemahlener Kurkuma
1 EL gehackter Koriander
etwas zum Garnieren
Salz

1 Den Reis mehrmals in kaltem Wasser waschen und abtropfen lassen. Reis in einen großen Topf geben.

TIP

Eine große, in Scheiben geschnittene Zwiebel in 1 EL Öl braten. Statt des Korianders in den Reis einrühren.

2 Kokosmilch, 600 ml Wasser, Kurkuma zum Kochen bringen. 15-20 Min. köcheln lassen, bis der Reis gar ist und die Flüssigkeit aufgesogen hat.

3 Den Koriander in den Reis einrühren, dann salzen. In eine Servierschüssel füllen und mit gehacktem Koriander bestreuen.

Malaiischer Reis

Vorbereitungszeit: 10 Min.
+ Zeit zum Quellen
Garzeit: 20-25 Min.
Für 6 Personen

ZUTATEN

350 g gewaschener Basmati-Reis
100 g geklärte Butter
1 große Zwiebel in Scheiben
3 Knoblauchzehen in Scheiben
5 cm frische Ingwerwurzel, geschält und gehackt
1 Zimtstange
1 TL zerstoßener Fenchel
175 ml Kondensmilch
Salz und Pfeffer
gehackte Stangensellerieblätter zum Garnieren

1 Den Reis mit kaltem Wasser bedeckt 30 Min. quellen lassen. Abgießen und abtropfen lassen.

2 Zwiebel, Knoblauch und Ingwer in der Butter 2-3 Min. dünsten, bis die Zwiebel weich ist.

3 Zimtstange und Fenchel zugeben, umrühren und 1 Min. kochen lassen.

4 Den Reis einrühren, Kondensmilch, Salz und Pfeffer zugeben. Mit Wasser bedeckt aufkochen.

5 Unter häufigem Rühren 15-20 Min. kochen lassen, evtl. heißes Wasser nachgießen. Die Zimtstange entfernen, den Reis in eine Servierschüssel geben und mit gehackten Sellerieblättern bestreut servieren.

Pizza Napoletana

Die Pizza Napoletana, auch Pizza Marinara genannt, wurde ursprünglich nur mit Tomaten und Olivenöl zubereitet.
Heute wird sie mit Mozzarella und Anchovis angereichert.

Vorbereitungszeit: 1 Std.
Garzeit: ca. 25 Min.
Für 4 Personen

Z U T A T E N

500 g Hefeteig
300 g Tomatenpüree
300 g Mozzarella
1 kleine Dose Anchovis in Öl
reichlich Oregano und Olivenöl

1 Pizzaform (26 cm Ø) mit Olivenöl einfetten. Den Teig mit etwas Olivenöl kneten, ihn dabei mehrfach auf die Arbeitsfläche schlagen.

2 Die Form mit dem Teig vollständig auslegen, indem man ihn von innen nach außen zieht und flach drückt, dabei einen Rand bilden.

3 Tomatenpüree bis auf wenige cm am Rand darauf verteilen. Den Ofen auf 250° C vorheizen.

4 Mozzarella in Scheiben schneiden. Eine Hälfte auf der Pizza verteilen, die Anchovisfilets darauf anordnen. Mit Oregano bestreuen.

5 Pizza mit reichlich Olivenöl beträufeln und 25-30 Min. backen. Kurz vor Ende der Backzeit den restlichen Mozzarella auflegen.

TIP

Die Pizza backen, bis der Boden hellbraun geworden ist. Durch vorsichtiges Anheben mit einem Spachtel prüfen.

Pizza Pazza

Diese Pizza wird durch den Belag mit Salami und Gewürzgurken besonders aromatisch. Mit reichlich frisch gemahlenem schwarzem Pfeffer bestreut servieren.

Vorbereitungszeit: 30 Min.
Garzeit: 30 Min.
Für 4 Personen

ZUTATEN

500 g Hefeteig
100 g gefüllte grüne Oliven
100 g Salami in dicken Scheiben
200 g Mozzarella
300 g Tomatenpüree
100 g Artischockenherzen in Öl
30 g Gewürzgurken oder Kapern
frisches Basilikum
Olivenöl und Oregano
Salz und Pfeffer

1 Eine große Pizzaform einfetten. Mit dem Teig auslegen, dabei einen höheren Rand bilden.

2 Tomatenpüree bis auf 2 cm am Rand auf dem Teig verteilen. Den in Scheiben geschnittenen Mozzarella darauflegen. Den Ofen auf 250° C vorheizen.

3 Salami würfeln, Artischocken, Oliven und Gurken in Scheiben schneiden. Alle Zutaten und das Basilikum auf der Pizza verteilen.

4 Mit Salz und reichlich Pfeffer würzen. Mit Öl beträufeln, reichlich Oregano aufstreuen und 25-30 Min. backen.

TIP

Für eine raffiniertere Garnierung einige Gürkchen zurückbehalten, zu Fächern schneiden und in der Mitte der Pizza anordnen.

Spaghetti Carbonara

Dieses traditionelle Gericht aus den Tälern des Apennin wird mit Speck und Knoblauch verfeinert.

Vorbereitungszeit: 30 Min.
Garzeit: 20 Min.
Für 4 Personen

ZUTATEN

400 g Spaghetti
100 g gewürfelter durchwachsener Speck
25 g geriebener Parmesan
25 g geriebener Pecorino
20 g Butter
4 Eier
1 zerdrückte Knoblauchzehe
Salz und Pfeffer

1 Für die Sauce den Speck und die Eier in einer Schüssel verquirlen.

2 Butter mit dem zerdrückten Knoblauch in einer Pfanne erhitzen und den Speck zugeben.

3 Spaghetti mit Salzwasser bedecken und ca. 10 Min. kochen, abgießen und zum Speck in die Pfanne geben.

4 Vom Herd nehmen, umrühren, und verquirlte Eier, gemahlenen Pfeffer und jeweils die Hälfte der beiden Käsesorten zugeben.

5 Sobald die Eimasse dickflüssig wird, den restlichen Käse zugeben, und sofort servieren.

TIP

Um die Sauce zu verfeinern, gibt man 3 EL Sahne zu den verquirlten Eiern. Dadurch wird das Gericht besonders delikat.

Spaghetti Bolognese

Dieses Fleisch-Nudel-Gericht, mit warmen Baguettes und knackigem grünem Salat serviert, schmeckt Kindern genauso gut wie Erwachsenen.

Vorbereitungszeit: 15 Min.
Garzeit: 40 Min.
Für 4-6 Personen

ZUTATEN

2 EL Olivenöl
1 große, feingehackte Zwiebel
2 zerdrückte Knoblauchzehen
2 geschälte, gehackte Karotten
1 gehackte Selleriestange
100 g gewürfelter durchwachsener Speck
700 g Rinderhack
Salz und Pfeffer
300 ml Rinderbrühe
400 g gehackte Tomaten aus der Dose
1 EL Tomatenmark
100 ml Rotwein
1 Prise Zucker
1 EL Oregano
450 g Spaghetti
frisch geriebener Parmesan zum Servieren

1 Für die Sauce das Öl erhitzen, Knoblauch, Karotten, Sellerie und Speck 5 Min. anbräunen.

2 Das Fleisch zugeben, 5 Min. bei starker Hitze unter ständigem Rühren leicht anbraten, mit Salz und Pfeffer würzen.

3 Brühe, Tomaten, Püree, Wein, Zucker und Oregano zugeben. 10 Min. kochen, dann 20 Min. bei wenig Hitze köcheln lassen.

4 Inzwischen die Spaghetti kochen. Gut abgetropft auf vorgewärmte Teller verteilen, mit Sauce und frisch geriebenem Parmesan servieren.

TIP

Diese Sauce zu Tacos oder in Pfannkuchen mit Käse bestreut servieren.

Spaghetti mit Miesmuscheln

Die Muscheln dürfen erst im letzten Moment in die Sauce gegeben werden, da sie sonst hart und zäh werden.

Vorbereitungszeit: 1 Std.
Garzeit: ca. 30 Min.
Für 4 Personen

ZUTATEN
400 g Spaghetti
1 kg Miesmuscheln
300 g gehackte Tomaten aus der Dose
50 g schwarze Oliven
50 g grüne Oliven
1 Knoblauchzehe
2 TL Sardellenpaste
1 Bund Petersilie
50 ml Brühe
Olivenöl
Salz und Pfeffer

1 Muscheln gründlich waschen. Geöffnete Muscheln aussortieren. 1 l Wasser, 2 EL Öl und 1 EL Petersilie aufkochen. Die Muscheln darin garen, bis sie geöffnet sind.

2 Die Hälfte der Muscheln aus der Schale lösen und in etwas Kochflüssigkeit beiseite stellen.

3 Einige EL Öl in einer großen Pfanne erhitzen, Knoblauch hineingeben.

4 Wenn das Öl sehr heiß ist, die Sardellenpaste und entsteinte, evtl. kleingeschnittene Oliven hineingeben, mit Salz und Pfeffer würzen und unter Rühren anbräunen.

5 Tomaten hinzufügen und 10 Min. köcheln. 50 ml heiße Brühe angießen und bei mittlerer Hitze einkochen. Die Spaghetti inzwischen in Salzwasser garen.

6 Kurz vor Ende der Garzeit die ausgelösten Muscheln und die in der Schale verbliebenen in die Sauce geben.

7 Die leeren Schalen aus der Sauce nehmen. Spaghetti mit Sauce und der restlichen gehackten Petersilie mischen.

Nudeln mit bunter Paprikasauce

Eine bunte Gemüsemischung in würziger Tomatensauce ergibt, mit Nudeln serviert, eine vollständige Hauptmahlzeit. Nach Geschmack mit Parmesankäse bestreuen.

Vorbereitungszeit: 15 Min.
Garzeit: 25 Min.
Für 4 Personen

ZUTATEN
2 EL Sonnenblumenöl
1 Zwiebel in Scheiben
1 zerdrückte Knoblauchzehe
je 1 gewürfelte rote, grüne und gelbe Paprikaschote
2 Zucchini in Scheiben
100 g Champignons in Scheiben
2 Selleriestangen in Scheiben
400 g Tomaten aus der Dose
1 EL Tomatenmark
2 EL Rotwein
1 EL Maismehl
300 ml Gemüsebrühe
2 TL Oregano
2 Lorbeerblätter
Salz und Pfeffer
350 g Nudeln
25 g Butter

1 Alle Gemüse 5 Min. in heißem Öl schmoren, gelegentlich umrühren. Tomatenmark, Tomaten und Rotwein hinzufügen.

Diese Sauce paßt auch gut zu gebackenen Kartoffeln.

2 Maismehl mit Brühe verrührt mit den Gewürzen in die Pfanne geben. Aufkochen, abschmecken und zugedeckt 20 Min. köcheln lassen.

3 Nudeln in reichlich kochendem Salzwasser 10 Min. garen, abgießen und in Butter schwenken. Sofort mit der Sauce servieren.

m **Gemüse in Öl in einer mikrowellengeeigneten Schüssel 5 Min. auf Hochtemperatur (100%) garen. Maismehl mit Wein verrühren und mit allen übrigen Zutaten hineingeben. Weitere 15 Min. kochen, dabei zweimal umrühren.**

Nudeln mit weißen Bohnen

Die Zugabe von Bohnen macht aus diesem Gericht eine deftige Mahlzeit.

Vorbereitungszeit: 30 Min.
Garzeit: 2 Std.
Für 4 Personen

ZUTATEN

- **500 g frische oder eingeweichte weiße Bohnen**
- **70 g fetter Speck**
- **1 Karotte**
- **1 Zwiebel**
- **1 Stange Bleichsellerie**
- **1 Knoblauchzehe**
- **500 g reife Tomaten (oder Tomaten aus der Dose)**
- **1 Brühwürfel (Gemüse oder Rind)**
- **350 g Nudeln**
- **Olivenöl**
- **Salz und Pfeffer**
- **1 EL gehackte Petersilie**

1 Speck, Karotte, Sellerie, Zwiebel und Knoblauch zusammen fein hacken. Tomaten häuten und zerdrücken. Eingeweichte Bohnen abgießen und abspülen.

2 Gemüse in etwas Öl weich schmoren. Bohnen und Tomaten zugeben, mit Salz und Pfeffer würzen.

3 Den Brühwürfel in 1 Tasse kochendem Wasser auflösen und zugeben. Unter gelegentlichem Rühren köcheln lassen, evtl. kochendes Wasser oder Brühe angießen.

4 Nudeln in Salzwasser „al dente" garen. Mit der Sauce mischen und mit Petersilie bestreuen.

TIP

Nach Geschmack etwas Butter und geriebenen Parmesankäse zu den Nudeln geben.

Die Bohnen in ein Sieb geben, 3-4 Min. in kochendem Wasser blanchieren, herausheben und sofort mit kaltem Wasser abschrecken. Abtropfen und abkühlen lassen. In Beutel füllen und luftdicht verschließen. Tiefgekühlt bis zu 10 Monaten haltbar. Vor dem Kochen nicht auftauen.

Trenette mit Pesto

Pesto ist eine kräftige Basilikumpaste. Das Basilikum muß dafür sehr frisch sein.

Vorbereitungszeit: 1 Std.
Garzeit: ca. 15 Min.
Für 4 Personen

Z U T A T E N

400 g Trenette

1 Bund frisches Basilikum

3-4 Knoblauchzehen

80 g geriebener Pecorino

1 EL Pinienkerne

Olivenöl

Salz und Pfeffer

1 Basilikumblätter waschen, trockenschwenken und in einen Mörser geben.

2 Um die grüne Farbe zu erhalten, eine Prise Salz sowie die Knoblauchzehen und Pinienkerne zugeben.

3 Alles kurz mit dem Pistill zerstoßen, ohne es vollständig zu zerkleinern.

4 Nach und nach Öl zugießen, dabei ständig auf dem Boden und gegen die Seitenwände des Mörsers weiterstampfen, um alles fein zu zerkleinern.

5 Wenn die Mischung cremig ist, den Pecorino zugeben und gut mischen.

6 Weiteres Öl in kleinen Mengen hineinarbeiten, bis der Pesto die richtige Konsistenz hat. Mit etwas Pfeffer würzen.

7 Inzwischen Trenette in kochendem Salzwasser „al dente" garen, abgießen und mit dem Pesto vermengen.

Pesto in zwei- oder dreifacher Menge vorbereiten und einfrieren. Ca. 1 Monat haltbar.

Vollkornnudeln mit Gemüse

Vollkornnudeln werden mit allen Bestandteilen des Korns hergestellt. Sie sind sehr nahrhaft und leicht bekömmlich.

Nudeln in Papier gebacken

Vorbereitungszeit: 20 Min.
Garzeit: 30 Min.
Für 4 Personen

ZUTATEN

- 350 g Vollkornnudeln
- 300 g rohe Krabben
- 1 Scheibe Zitrone
- 1 Zwiebel
- 1 Karotte in Scheiben
- 2 Lorbeerblätter
- 3 EL trockener Weißwein
- 200 ml Sahne
- 1 Bund Petersilie, gehackt
- rote Peperoniringe
- Öl
- Salz und Pfeffer

1 Die Krabben waschen. 1 l Wasser mit Zitrone, Zwiebel, Karotte, Lorbeerblättern, Weißwein, etwas Salz und einigen Pfefferkörnern aufkochen. Die Krabben darin abbrühen, herausheben und schälen. Den Sud durchseihen.

2 ½ gehackte Zwiebel in 2 EL Öl anbraten. Die Krabben sowie den Sud zugeben. Etwas einkochen lassen, und die Sahne einrühren. Mit Salz abschmecken, vom Herd nehmen. Den Ofen auf 180° C vorheizen.

3 Die Nudeln kochen und „al dente" abgießen. Die Nudeln mit der Sauce auf ein großes Stück Backpapier geben. Mit Petersilie und nach Belieben mit Peperoneringen bestreuen.

4 Das Papier gut verschließen und für ca. 15 Min. in den Ofen legen.

Vollkorn-Rigatoni mit Blumenkohl

Vorbereitungszeit: 15 Min.
Garzeit: 30 Min.
Für 4 Personen

ZUTATEN

- 400 g Vollkorn-Rigatoni
- 1 Blumenkohl, ca. 1 kg
- 100 g geräucherter Speck
- 300 g geschälte, gehackte Tomaten
- 2 EL Granakäse
- 2-3 Knoblauchzehen
- Olivenöl
- Salz

1 Den Blumenkohl waschen, in Röschen teilen und in reichlich siedendem Salzwasser mit den Nudeln „al dente" kochen.

2 Den Speck würfeln und anbraten, bis er kroß ist. Aus dem Topf nehmen und warm stellen. Knoblauch und Tomaten in den Topf geben und 15 Min. kochen, den Knoblauch entfernen.

3 Nudeln und Blumenkohl abgießen und evtl. mit Öl beträufeln. Erst die Sauce, dann den Speck und den Grana zugeben.

Spinat-Fleisch-Cannelloni

INTERNATIONAL

Für erstklassige Cannelloni darf man nicht mit der Käsesauce knausern. Mit Wein und frischem Salat servieren.

Vorbereitungszeit: 40 Min.
Garzeit: 1 Std. 10-15 Min.
Für 3 Personen

ZUTATEN

1 EL Öl

25 g Butter, etwas zum Einfetten

1 gehackte Zwiebel

1 zerpreßte Knoblauchzehe

450 g Rinderhack

200 g Tomaten aus der Dose, gehackt

225 g Tiefkühl-Spinat

1 TL getrocknetes Basilikum

Salz und Pfeffer

6 Cannelloni-Rollen

Basilikumzweige zum Garnieren

Für die Sauce

25 g Butter

25 g Mehl

450 ml Milch

75 g geriebener Cheddar

1 Ofen auf 180° C (Gas Stufe 4) vorheizen. Zwiebeln und Knoblauch 3-4 Min. in Öl und Butter andünsten.

2 Hackfleisch zugeben und braun anbraten. Mit Tomaten, Spinat, Basilikum und Gewürzen zugedeckt 15 Min. dünsten. Umrühren. Bei offener Pfanne die Flüssigkeit 5 Min. einkochen lassen. Abkühlen.

3 Cannelloni 8-10 Min. in Salzwasser weich kochen. Unter kaltem Wasser abspülen. Auf einem Geschirrtuch abtropfen lassen.

4 Ofenfeste Form einfetten. Hack-Spinat-Mischung in die Cannelloni füllen und nebeneinander in die Form legen.

5 Für die Sauce Mehl bei geringer Hitze in Butter rühren und 1 Min. rösten. Nach und nach Milch unter Rühren einfüllen, so lange, bis die Mischung dickflüssig ist. Vom Herd nehmen, 50 g Käse und Gewürze unter die Sauce rühren.

6 Sauce über Cannelloni gießen und mit restlichem Käse bestreuen. 30-35 Min. backen, mit Basilikum garnieren.

Ravioli

INTERNATIONAL

Dieses klassische Gericht aus gefüllten Teigtaschen kann mit Butter und geriebenem Parmesankäse oder einfach mit Tomatensauce serviert werden.

Vorbereitungszeit: 1 Stunde + Trockenzeit
Kochzeit: 20 Minuten
Für 4-6 Personen

ZUTATEN

2 EL Olivenöl
1 kleine gehackte Zwiebel
1 zerdrückte Knoblauchzehe
1 geschälte, gehackte Karotte
1 gehackte Selleriestange
100 g mageres, gekochtes, feingehacktes Rindfleisch
1 Scheibe gehackter durchwachsener Speck
25 g frische Semmelbrösel
25 g geriebener Parmesankäse
1/4 TL geriebene Muskatnuß
Salz und Pfeffer
450 g frischer Ravioliteig
Mehl zum Bestäuben
1 verquirltes Ei
Für die Tomatensauce
1 gehackte Zwiebel
1 EL Öl
400 g Tomaten aus der Dose
1/2 TL Zucker
Salz und Pfeffer
1 EL Tomatenpüree
1 Basilikumzweig

1 Zwiebeln, Knoblauch und Gemüse in 1 EL Öl garen, das feingehackte Rindfleisch und den Speck dazugeben und 10 Min. köcheln lassen.

2 Zum Abkühlen beiseite stellen. Semmelbrösel, Käse, Muskatnuß und Gewürze in einen Mixer geben. Solange mixen, bis die Füllung glatt und steif geworden ist.

3 Die Hälfte des Teiges viereckig und dünn ausrollen. Die Füllung teelöffelweise in ca. 4 cm Abständen auf den Teig geben und dazwischen mit dem Ei bestreichen.

4 Den Restteig ausrollen, darüberlegen und zwischen der Füllung fest andrücken, um Luftblasen herauszupressen. Mit einem Teigrädchen kleine Vierecke ausradeln, auf ein sauberes Tuch legen, zudecken und 1 Stunde trocknen lassen.

5 Die Sauce vorbereiten: Zwiebeln in Öl glasig dünsten. Alle Tomaten bis auf eine, Zucker und Gewürze dazugeben, 15 Min. köcheln lassen und durchseihen. Die Tomate entkernen, hacken und mit dem Püree aufwärmen.

6 Die Ravioli mit 1 EL Öl in kochendes Wasser geben, 4-5 Min. aufkochen, bis sie oben schwimmen. Abtropfen und mit der Sauce servieren. Mit Basilikum dekorieren.

Thunfisch-Lasagne

Die ganze Familie wird diese Thunfisch-Lasagne genießen. Sie kann vorbereitet und ohne Schwierigkeiten im Ofen wieder aufgewärmt werden.

Vorbereitungszeit: 15 Minuten
Garzeit: 1 Stunde
Für 6 Personen

Z U T A T E N

Butter zum Einfetten

175 g Lasagne-Platten

6 in Scheiben geschnittene Tomaten

50 g geraffelter Cheddar

Für die Sauce

50 g Butter

1 feingeschnittene Zwiebel

50 g Mehl

600 ml Milch

Salz, gemahlener schwarzer Pfeffer

1/2 TL Senf

1 TL Worcestersauce

175 g geraffelter Cheddar

400 g abgetropfter und fein zerteilter Thunfisch aus der Dose

1 Den Ofen auf 180° C vorheizen. Die Zwiebel in einem Topf in heißer Butter goldbraun dünsten. Mehl darüber stäuben und unter Rühren 2 Minuten köcheln lassen.

2 Den Topf von der Kochstelle ziehen, die Milch einrühren, Salz und Pfeffer zufügen und nochmals aufkochen. Zuletzt Senf, Worcestersauce, Käse und Thunfisch unter die Sauce mischen und weitere 2 Minuten kochen lassen.

3 Eine Auflaufform mit Butter ausfetten. Zuerst eine Schicht Thunfischmasse hineingeben, Lasagneplatten darüberdecken, wieder Thunfischmasse daraufstreichen, die Oberfläche zur Dekoration mit einigen Tomatenscheiben belegen. So fortfahren, bis alle Zutaten verbraucht sind.

4 Zuletzt den Käse über die Lasagne streuen, mit Tomatenscheiben dekorieren, mit Alufolie abdecken und in den Ofen schieben. Nach 25 Min. die Folie abnehmen und 15-20 Min. weiterbacken lassen.

Einen knackigen grünen Salat und ein warmes Baguette dazu servieren.

Dieses Gericht eignet sich besonders gut zum Einfrieren.

Scampi mit Reis

Auch zu Scampi und Champignons serviert,
sollte der Reis schön körnig sein.

Vorbereitungszeit: 1¼ Std.
Garzeit: ca. 40 Min.
Für 4 Personen

ZUTATEN

ca. 20 Scampi
150 g Krabben
150 g frische Champignons
300 g Reis
100 g Butter
200 ml Sahne
3 feingehackte Schalotten
600 ml heiße Brühe
⅛ l trockener Weißwein
Currypulver
2 EL Brandy
Salz und Pfeffer

1 Die Scampi schälen, und die Köpfe entfernen. Das schwarze Darmstück entfernen, die Scampi waschen und gut trockentupfen. Genauso mit den Krabben verfahren.

2 Die Pilze putzen, waschen, trockentupfen und in dünne Scheibchen schneiden.

3 ⅔ der Schalotten in 50 g Butter bei wenig Hitze anbraten. Erst die Pilze, dann die Scampi und nach wenigen Min. die Krabben zugeben und anbraten.

4 Mit Brandy ablöschen, salzen, pfeffern, und die Sahne einrühren. Etwas einkochen lassen, vom Herd nehmen.

5 Den Rest Schalotten in 50 g Butter glasig dünsten, den Reis zugeben. Gut umrühren, den Reis anrösten, mit Curry bestreuen. Den Ofen auf 180° C vorheizen.

6 Den Wein angießen, verdampfen lassen. Die Brühe angießen und aufkochen.

7 Zugedeckt ca. 18 Min. ohne umzurühren im Ofen garen.

8 Den Reis aus dem Ofen nehmen und auf dem Rand eines tiefen Tellers verteilen. Pilze, Scampi und Krabben in der Mitte anrichten.

Reis mit Krabbensauce

Ein ausgefallenes Gericht, das in fast jedes festliche Menü paßt.

Vorbereitungszeit: ca. 30 Min.
Garzeit: ca. 1 Std.
Für 4 Personen

Z U T A T E N

400 g Langkornreis

2 EL grobes Salz

Für die Sauce

500 g geschälte Tiefseekrabben

70 g Butter

8 EL Tomatenpüree

1 Msp. Zimtpulver

200 ml Sahne

2 EL Brandy

Salz und Pfeffer

1 4 l Salzwasser zum Kochen bringen, Reis zugeben und 1/4 Std. unter gelegentlichem Rühren köcheln lassen, damit der Reis nicht klebt. Den Ofen auf 140° C vorheizen.

2 Reis abgießen, mit kaltem Wasser abschrecken, abtropfen lassen und auf ein heißes, mit einem Küchentuch ausgelegtes Backblech schütten. Mit einer Gabel gleichmäßig verteilen, mit den 4 Ecken des Küchentuchs vollständig bedecken und in den Ofen geben. Bei angelehnter Ofentür in 15 Min. gut trocknen.

3 Die Krabben ganz kurz in der heißen Butter anbraten. Mit Salz, Pfeffer und Zimt abschmecken.

4 Brandy angießen, flambieren und das Tomatenpüree zugeben.

5 Bei starker Hitze einkochen, Sahne einrühren und noch einmal kurz aufkochen.

6 Reis auf einem heißen Teller in der gewünschten Form anrichten (Stern, Herz, Kleeblatt).

7 Etwas Krabbensauce in die Mitte geben, den Rest getrennt dazu reichen.

Krabben-Pilaff

Diese Variante, mit Krabben zubereitet, wird als köstliche Hauptmahlzeit oder delikate Beilage serviert.

Vorbereitungszeit: 15 Min.
Garzeit: 15-20 Min.
Für 4 Personen

ZUTATEN

1 große, gehackte Zwiebel
2 gehackte Selleriestangen
1 zerdrückte Knoblauchzehe
1 große, gewürfelte Karotte
2 EL Olivenöl
225 g Langkorn-Reis
Salz und Pfeffer
1 Prise Safranfäden
900 ml Gemüsebrühe
1 TL gehacktes Basilikum
2 x 400 g Krabben aus der Dose, abgetropft
Basilikumblätter zum Garnieren

1 Olivenöl erhitzen, Zwiebeln, Sellerie, Knoblauch und Karotte zugeben.

m **Gemüse und Öl in eine mikrowellengeeignete Schüssel geben. Bedeckt auf Hochtemperatur (100%) 4 Min. garen, umrühren. Reis, Gewürze, Safran und Brühe zugeben, bedeckt 10-12 Min. garen. Krabben und Basilikum einrühren, bedeckt 2 Min. garen.**

2 Reis, Gemüse, Safran und Brühe zugeben. Aufkochen und bedeckt 10-15 Min. köcheln, bis der Reis gar und die Flüssigkeit verdampft ist.

3 Basilikum und Krabben zugeben, nach Geschmack würzen. Umrühren, mit Basilikumblättern garniert servieren.

Nasi-goreng

Nasi-goreng ist gebratener Reis, der hervorragend zu Hühnerfleisch und Gemüse paßt.

Vorbereitungszeit: 15 Min.
Garzeit: 15-20 Min.
Für 6 Personen

ZUTATEN

1 EL Öl
3 EL flüssige Butter
3 Schalotten oder 1 feingehackte Zwiebel
2 kleingehackte Knoblauchzehen
250 g Hühnerbrust ohne Haut, in 2,5-cm-Würfel geschnitten
3 geschälte und gewürfelte Karotten
100 g Pilze in Scheiben
1 TL Paprikagewürz
1/2 TL Chilipulver
2 TL Tomatenpüree
2 EL Sojasauce (Kecap Manis)
350 g gekochter Langkorn-Reis
1 EL gehackter Koriander
Salz und Peffer
Zum Garnieren
1 EL ÖL
1 EL Milch
1 verquirltes Ei
frische Kräuter

1 Öl und Butter erhitzen. Schalotten und Zwiebeln hinzufügen. 2-3 Min. braten. Huhn und Karotten hineinrühren. 3-4 Min. weiterkochen. Umrühren.

2 Pilze zugeben, 2 Min. kochen. Paprikagewürz, Chilipulver, Tomatenpüree und Sojasauce einrühren.

3 Ofen auf 110° C vorheizen. Reis in die Pfanne geben und 5 Min. kochen. Koriander einrühren, würzen. Mischung mit einem Löffel auf ein Backblech geben und mit der Rückseite des Löffels einen Hügel daraus formen. Warm halten.

4 Für die Garnierung Öl erhitzen. Milch mit dem geschlagenen Ei verrühren und in die Pfanne gießen. Von beiden Seiten braten.

5 Omelett auf einem Brett in 12-mm-Streifen schneiden. Streifen auf den warmen Reis geben, mit Kräutern garnieren.

Paella

INTERNATIONAL

Mit diesem Gericht weckt man Urlaubserinnerungen an das sonnige Spanien. Dazu einen spanischen Wein ausschenken.

Vorbereitungszeit: 10 Min.
Garzeit: 1 Std.
Für 6 Personen

ZUTATEN

100 g Kabanossi
3 EL Olivenöl
6 kleine Hähnchenteile
75 g gewürfelter Schweinebauch
2 zerpreßte Knoblauchzehen
je 1 grüne und rote Paprikaschote, halbiert und in Scheiben
1 gehackte große Zwiebel
350 g Langkornreis
1 l Hühnerbrühe
1 TL Safranpulver
¼ TL Cayennepfeffer
225 g geschälte Tomaten, geviertelt
Salz
100 g ungeschälte Tiefseekrabben
225 g geputzte Miesmuscheln
100 g Erbsen

1 Die Mettwurst in Scheiben schneiden und in einer Paella- oder Bratpfanne von beiden Seiten braun anbraten. Herausnehmen, die Hähnchenteile und Schweinebauchwürfel im Öl bei starker Hitze goldbraun anbraten.

2 Das Fleisch herausnehmen und warm stellen. Knoblauch, Paprika und Zwiebeln 5 Min. anbraten. Den Reis zugeben und gut umrühren. Unter Rühren 2 Min. garen.

3 Brühe, Safran, Cayennepfeffer und Tomaten zugeben, salzen. Das Fleisch zugeben und aufkochen. Die Hitze verringern und Wurst, Krabben und Muscheln zugeben. Vorsichtig umrühren und locker zugedeckt 30 Min. köcheln lassen. 5 Min. vor Garzeitende die Erbsen zugeben.

TIP

Safran ist sehr teuer, statt dessen kann man Turmerik verwenden.

Hähnchen-Biryani

INTERNATIONAL

Dieses Rezept, bei dem alles in einer Pfanne zubereitet wird, beweist, wie einfach indische Gerichte sein können.

Vorbereitungszeit: 10 Min.
Garzeit: 30-35 Min.
Für 4 Personen

ZUTATEN

50 g Butter

2 1/2 cm frischer Ingwer, gerieben

2 zerdrückte Knoblauchzehen

5 cm Zimtstange

1 EL zerdrückte Korianderkerne

2 zerdrückte Kardamomschoten

3 Gewürznelken

2 TL gemahlener Kümmel

4 in Streifen geschnittene Hähnchenbrüste

1 große, in Scheiben geschnittene Zwiebel

350-400 g Basmati-Reis

1 l Hühnerbrühe

1 Prise Safran

1 Lorbeerblatt

1/2 TL geriebene Muskatnuß

je 50 g Pistazien und Rosinen

Zum Servieren

1 große Zwiebel, in Ringe geschnitten

Öl zum Braten

frische Korianderzweige

1 Ingwer, Knoblauch, Gewürze und Hähnchenstreifen in Butter anbraten, Fleisch hellbraun herausnehmen. Zwiebel zugeben, 2 Min. anbraten. Reis einrühren, mit Gewürzen mischen. Mit Gemüsebrühe auffüllen. Mit Safran und Lorbeerblatt aufkochen, gelegentlich umrühren.

2 Fleisch auf den Reis legen, zugedeckt 15 Min. köcheln. Muskatnuß, Pistazien und Rosinen einrühren, weitere 10-15 Min. kochen, bis der Reis weich ist.

3 Zwiebelringe im Öl knusprig braun braten. Biryani mit Zwiebelringen und Koriander garnieren.

Als Beilage zum Biryani Chutney und Fladenbrot servieren.

Fische und Meeresfrüchte

Lachs, Forelle und Rundfisch

Mit zunehmendem Gesundheitsbewußtsein haben Fischgerichte an Popularität gewonnen. Fische haben wenig Fett, viele Proteine, sind schnell und einfach zuzubereiten und eignen sich hervorragend für die Mikrowelle. Mittlerweile gibt es viele ausgefallene Fischarten zu kaufen. Trotzdem zählen Lachs und Forelle nach wie vor zu den beliebtesten. Gebacken, pochiert, sautiert oder gegrillt lassen sie sich zu delikaten Gerichten verarbeiten. Zu den Rundfischen zählen die verschiedensten Arten wie Lachs, Forelle, Hering, Barsch und Barbe.

Fischauswahl

Bei jeder Fischart ist die Frische das Wichtigste. Glänzenden Fisch mit klaren Schuppen wählen. Das Fleisch sollte sich fest anfühlen, die Augen hell und klar sein und die Kiemen rosa oder rot.

1 Lachsforellen: Das delikate rosa Fleisch weist die besten Eigenschaften von Lachs und Forelle auf.

2 Regenbogenforellen: Das ganze Jahr über zu kaufen, mit delikatem und doch kräftigem Geschmack. Unter den vielen Forellenarten am häufigsten erhältlich.

3 Lachs: Hat festes Fleisch mit einem einzigartigen Geschmack, kann bis zu 13,5 kg wiegen. Das beste Gewicht ist jedoch etwa 3,6 kg. Zu kaufen im Ganzen, als Steaks oder als Schwanzstück. Schottischer Lachs gilt als der beste, aber auch kanadischer, norwegischer oder grönländischer Lachs ist hervorragend.

1 Makrelen: sind stahlblau und schwarz gemustert, billig, das ganze Jahr über erhältlich und haben sehr nahrhaftes Fleisch mit kräftigem Geschmack. Gegrillt ohne alles oder mit scharfen Saucen servieren.

2 Seebarben: silbergrauer, normal bis sehr großer Fisch mit grauem, schuppigem Rücken und blassem, fast weißem Bauch. Sie haben weiches weißes Fleisch. Kochen, grillen, braten oder füllen und backen.

3 Rote Barben: nicht zu vergleichen mit Seebarben, gelten als erlesene Fischsorte. Sie haben exzellentes, festes Fleisch und eignen sich speziell im Sommer sehr gut zum Grillen.

1 Königsfische: sind hellgrau mit olivgrünem Rücken und silberner Unterseite, haben weiches, süßliches Fleisch und viele Gräten. Das ganze Jahr über erhältlich, können sie pochiert, gebacken, die Filets paniert und fritiert werden. Geeignet für Fischfrikadellen und Terrinen.

2 Breitlinge: sind junge Heringe, auch eingefroren zu kaufen. In gewürztem Mehl wenden und knusprig fritieren.

3 Sardinen: sind kleine, metallisch aussehende Fische mit kupfernem Kopf, delikatem Fleisch und kräftigem Geschmack. Am besten frisch braten oder ausgenommen und zerteilt mit einem Spritzer Zitronensaft grillen. Das ganze Jahr über erhältlich.

4 Heringe: sind kleine, silbrige Fische mit vielen kleinen Gräten und einem delikaten Geschmack. Grillen oder in Haferflocken wenden und in Butter braten oder filetieren und einsalzen. Das ganze Jahr über erhältlich.

Andere beliebte Rundfische

Zackenbarsche: haben wohlschmeckendes, milchig-weißes Fleisch und sind im Ganzen, als Steaks oder filetiert das ganze Jahr über erhältlich. Evtl. vorbestellen.

Stinte: gehören zur Lachsfamilie und laichen im Süßwasser. Ganz frisch haben sie einen schwachen Gurkengeruch und hervorragendes Fleisch. Im Ganzen servieren, in Mehl wenden und braten. Sie schmecken am besten im Winter und Frühjahr.

Sprotten: sind ähnlich wie Heringe, mit einem gezackten Bauch. Kommen sehr häufig vor, daher relativ billig. Wie Heringe zubereiten. Am besten im Winter.

Seezunge, Scholle und Plattfisch

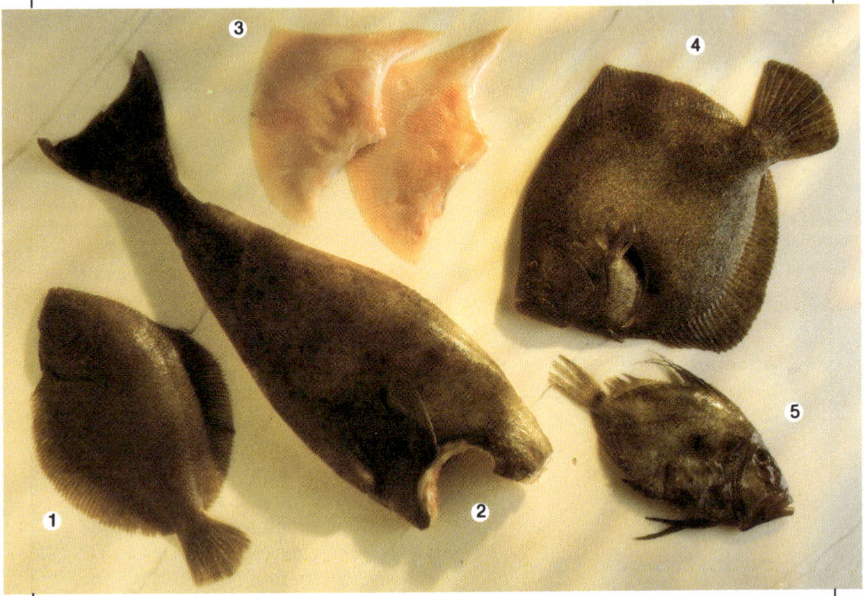

Kochtechnisch unterscheiden sich Rund- und Plattfische dadurch, daß Rundfische 2 und Plattfische 4 Filets liefern. Filets kleinerer Plattfische können aufgerollt und gefüllt, aber auch nur in Mehl gewendet und gebraten werden.

1 Glattbutt
Das Fleisch ist weich und fällt leichter auseinander als beim Heil- oder Steinbutt, hat aber einen exzellenten Geschmack. Nicht zu lange garen.

2 Heilbutt
Dieser große Fisch wird meist zerteilt verkauft. Das Fleisch ist fest und wunderbar im Geschmack.

3 Rochen
Der Fisch hat einen runden Körper, erhält sein flaches Aussehen erst durch die großen, flachen Flossen, die als einziges eßbar sind. Auch bei guten Fischhändlern nur auf Vorbestellung erhältlich.

4 Steinbutt
Wegen Geschmack und Fleisch besonders beliebt. Mit Sauce oder nur gedünstet oder gegrillt servieren.

5 Petersfisch (Heringskönig)
Das feste Fleisch hat einen leicht nussigen Geschmack. Am besten nur braten, grillen oder kalt mit Sauce servieren.

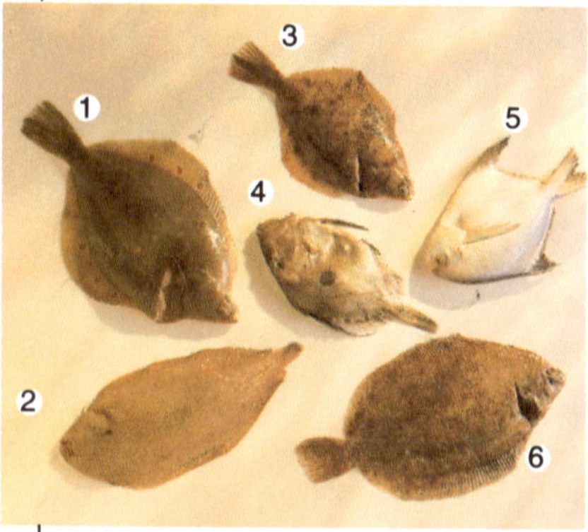

1 Scholle
Zartes Fleisch, guter Geschmack. Frisch gebraten am besten.

2 Seezunge
Wegen Geschmack und Fleisch der König unter den kleinen Plattfischen. Am besten gebraten, evtl. eine Vinaigrette dazu reichen.

3 Französische Seezunge
Weicheres Fleisch und weniger Geschmack als die Seezunge. So einfach wie möglich zubereiten, um den Eigengeschmack zu erhalten.

4 Petersfisch
Auch kleine Fische dieser Gattung schmecken gut (Zubereitung siehe Vorseite).

5 Butterfisch
Geschmacksintensiv, nur dünsten oder braten.

6 Flunder
Frisch zubereitet am besten. Gutes, festes Fleisch.

Fisch kaufen

Frischen Fisch erkennt man an den Kiemen: Sie sollten klar sein und leicht hervortreten, nicht matt und eingesunken sein. Die Unterseite muß sich fest, nicht weich anfühlen. Haut und Schuppen sollen hell und klar sein. Der Fisch sollte nach Meer riechen, nicht nach Fisch. Bei abgepacktem Fisch kann man sich nur nach den Datenstempeln richten.

Lagerung

Fisch sollte man frisch zubereiten — muß man ihn im voraus kaufen, dann lieber abgepackt. Länger als 2 Tage nur gefroren aufbewahren. Über Nacht den Fisch in einem Tuch oder locker in Zellophan gewickelt im Kühlschrank aufbewahren. Oder man zerteilt ihn in Filets und wendet diese in Öl oder zerlassener, lauwarmer Butter, um die Luft abzuhalten.

Einfrieren

Nur ganz frischen Fisch einfrieren. Filets oder kleine Fische getrennt eingewickelt tiefgefrieren, damit sie nicht aneinander festfrieren. Auftauen, indem man sie luftdicht verpackt in KALTES Wasser taucht. In der Mikrowelle beim Auftauen nicht garen!

Pochieren

Dies ist eine der schnellsten und gesündesten Arten der Fischzubereitung. Große Fische gart man normalerweise in Court Bouillon (siehe Seite 176). Milch, Brühe oder Salzwasser sind ebenfalls geeignet.

Pochierter Fisch

Alle kleineren Fischfilets können so zubereitet werden. Die dünnen Enden unterfalten, damit sie nicht zu früh gar sind. In heiße Flüssigkeit einlegen und bei wenig Hitze nicht zu weich garen.

Mit dem Finger testen. Wenn die Filets gar sind, herausnehmen und auf Küchenpapier abtropfen lassen. Zugedeckt warm halten, während die Sauce zubereitet wird.

Die Flüssigkeit einkochen lassen, bis sie einen kräftigen, nicht zu salzigen Geschmack hat. 20 g Mehl in 20 g zerlassene Butter rühren, 1 Min. kochen. Vom Herd nehmen und 300 ml Kochflüssigkeit einrühren. Unter Rühren aufkochen, 3 Min. kochen lassen. 50 g in Butter gebratene Pilze, das in Streifen geschnittene Fleisch, 1 geschälte, frische Tomate und 1 EL gehackten Schnittlauch zugeben. Die Sauce kurz aufkochen und über die Filets gießen. Auf einer langen Platte mit Schnittlauch und Zitrone servieren.

„Schnelle" Sauce

Den Fisch in ungesalzenem Wasser mit 1 Glas trockenem Weißwein garen, herausnehmen. Die Flüssigkeit auf 150 ml einkochen und einen kleinen Boursin mit Knoblauch einrühren. Damit die Sauce nicht ausflockt, vorher vom Herd nehmen.

TIP

Die heiße Flüssigkeit über den Fisch gießen und zugedeckt im Ofen garen.

Darauf sollten Sie achten

Die Flüssigkeit darf nicht sprudelnd kochen, sonst wird der Fisch trocken und zerfällt.

Dämpfen

Gedämpfter Fisch, ohne Fett und Sauce zubereitet, ist leicht verdaulich. Der Fisch gart nur im eigenen Saft. Daher muß er von sehr gutem Geschmack, sehr frisch und gut gegart sein. Man kann den Fisch aber auch mit Buttersauce oder einer Hollandaise (siehe Seite 84) verfeinern.

Französische Seezungen in Spinatblättern

Vorbereitungszeit: 15 Min.
Garzeit: 10 Min.
Für 4 Personen

ZUTATEN
175 g gehackte Champignons
Saft von 1/2 Zitrone
Salz und Pfeffer
2 TL gehackter Estragon
8 gehäutete Seezungenfilets
8 blanchierte Spinat- oder 8 runde Salatblätter
Estragon und Zitronenstücke zum Garnieren

1 Die Pilze im Zitronensaft köcheln, bis die Flüssigkeit verdampft ist. Salz, Pfeffer und Estragon zugeben.

2 Die Pilze auf der Hautseite der Fischfilets verteilen, aufrollen und in je 1 Blatt wickeln.

3 Den Fisch in einen Dampftopf legen, verschließen und 5 Min. dämpfen.

4 Auf einer Platte mit Estragon und Zitrone dekoriert servieren. Evtl. Tomatensauce (siehe Seite 75) zugeben.

Dämpf- und Dünstzeiten

Grundsätzlich rechnet man 8 Min. pro 450 g, vorausgesetzt, die Garflüssigkeit ist heiß. Kleine, dünne Filets garen wesentlich schneller, also 1 Min. pro 25 g rechnen. Im Ofen sind die Garzeiten länger. Im auf 180° C (Gas Stufe 4) vorgeheizten Ofen, und wenn die Flüssigkeit kochend heiß ist, sind die Garzeiten dann wie oben angegeben.

Braten

Fisch, in frischem Fett gebraten, ist eine der klassischen und auch besten Zubereitungsarten. Altes Öl verdirbt den Fisch. Ein exzellentes Gericht ist Seezunge Colbert mit Kräuterbutter serviert.

1 Den Fisch entlang der Mittelgräte aufschneiden, die Filets lösen, nicht abschneiden.

Seezunge Colbert

Vorbereitungszeit: 25 Min.
+ Zeit zum Festwerden
Garzeit: 20 Min.
Für 2 Personen

2 Die Flossen um den Fisch abschneiden. Die Mittelgräte an Kopf und Schwanz durchtrennen, herauslösen.

ZUTATEN

2 kleine Seezungen ohne Haut
50 ml Milch
3 EL Mehl
1 verquirltes Ei
50 g Semmelbrösel
Öl zum Braten
Kräuterbutter
Zum Garnieren
4 Zitronenviertel
4 Zweige Brunnenkresse

3 Den Fisch erst in Milch, dann in Mehl, verquirltem Ei und Semmelbröseln wenden. Die Panade andrücken. Darauf achten, daß die Filets zurückgeklappt sind. 10 Min. kalt stellen.

4 Die Fische nacheinander in heißem Öl braun braten, wenden. Auf Küchenpapier abtropfen lassen.

5 Zum Servieren den Fisch mit Kräuterbutterscheiben in der Mitte, Zitronenvierteln und Brunnenkresse anrichten.

Seezunge Müllerin

Die Filets in gesalzenem Mehl wenden und in heißer Butter von jeder Seite braun braten. Mit Zitrone servieren.

Rochen in brauner Butter

Die Flossen waschen und trockentupfen. Butter zerlassen, bis sie schäumt, den Fisch darin von beiden Seiten braun braten. In eine vorgewärmte Schüssel geben, die Butter unter Schwenken bei starker Hitze nicht zu kräftig bräunen. 1 Spritzer Zitrone und etwas gehackte Petersilie zugeben und über die Fische gießen. Mit Zitrone und glatter Petersilie anrichten.

Backen

Generell sind 8-12 Min. ausreichend für kleine, offen gebackene Filets. Ca. 8 Min. pro 450 g rechnet man für ganze Fische ab 1 kg und mehr. Garer Fisch fühlt sich auf Druck fest an, roher gibt deutlich nach.

Steinbutt in Papier

Einen Kreis aus einer doppelten Lage Pergamentpapier ausschneiden, mit Butter einstreichen. 50 g Steinbutt auf das Papier legen, geraspelten Lauch und Karotten darüberstreuen, würzen. Das Papier zu einem Halbkreis falten, die Ränder, an einer Spitze beginnend, zweimal umfalten. Mit Öl oder Butter bestrichen 15 Min. im heißen Ofen garen. Im Papier sofort servieren.

Veränderungen

Frisch geriebene Ingwerwurzel, gehackten Estragon, Zitronensaft, gehackte Tomate ohne Haut oder geriebenen Käse zugeben.

Fischbrühe

Z U T A T E N

frische Fischabfälle
kleingeschnittene Zwiebeln
Karotten und Sellerie
Petersilienzweige
1 Lorbeerblatt
1 Prise Thymian
weiße Pfefferkörner

1 Alle Zutaten mit Wasser bedeckt aufkochen und 20 Min. köcheln lassen (nicht länger, da die Brühe durch die Gräten sonst bitter wird).

2 Die Brühe durchseihen. Wenn man sie dick einkochen läßt, erhält man Fischfond, den man in kleinen Mengen Suppen und Saucen beigibt.

TIP

Fischfond in Eiswürfelbehältern einfrieren.

Court Bouillon

Court Bouillon ist eine säuerliche Flüssigkeit, die man zum Pochieren von Fischen, manchmal auch für Fischsuppen verwendet. Die Säure entsteht je nach Rezept durch Essig oder Weißwein. Für Meeresfische und Schalentiere nimmt man Salzwasser. Gemüse und Kräuter geben den Geschmack.

Z U T A T E N

300 ml Weinessig
3 Lorbeerblätter
2 Zwiebeln in Scheiben
1 Bund Petersilie
2 Karotten in Scheiben
1 Porreestange in Ringen
12 schwarze Pfefferkörner

1 Alle Zutaten mit 4,6 l Wasser aufkochen und 20-30 Min. köcheln. Abkühlen lassen und durchseihen.

Fisch-Aspik

Fisch mit viel Aspik ist nicht mehr gebräuchlich. Ein gekochter Lachs mit einer dünnen Schicht Aspik überzogen, mit kleinen Aspikwürfeln dekoriert, sieht dagegen sehr ansprechend aus. Aspik ist auch wesentlich bekömmlicher als z.B. Mayonnaise und schützt den Fisch vor dem Trockenwerden.

1 Das Fett von 1,2 l kalter Fischbrühe abnehmen und in einem Topf mit 25 g Gelatine, 2 Eiweiß und zerbrochener Schale von 2 Eiern aufsetzen.

2 Bei milder Hitze unter ständigem Rühren aufkochen, vom Herd nehmen und die Flüssigkeit sich setzen lassen, dabei darauf achten, daß die Eiweißkruste heil bleibt. Den Aspik noch zweimal aufkochen.

3 10 Min. abkühlen lassen. Ein abgekochtes Sieb mit einer doppelten Lage Stoff auslegen, den Aspik durchseihen, die Eiweißkruste als letztes. Die Flüssigkeit erneut durch den Stoff und die Eiweißkruste gießen. Bis zum Gebrauch im Kühlschrank aufbewahren.

TIP

Das gerinnende Eiweiß bindet den Satz, der dann mit an die Oberfläche steigt und dort die Kruste bildet. Durch mehrmaliges Aufkochen wird der gesamte Satz gebunden und die Flüssigkeit glasklar.

Schalentiere

Fast jede Art von Schalentieren verwandelt ein Gericht oder einen Snack in eine Spezialität. Einige in Knoblauch gebratene Jakobsmuscheln, heiß auf einem Salat als Vorspeise serviert, machen jedem Spitzenrestaurant Ehre, und ein mit Krebsfleisch belegtes Schnittchen ist eine Delikatesse.

Frisch sind sie am besten:
Das A und O bei Schalentieren ist die Frische. Krebse, Miesmuscheln oder Garnelen verlieren ihren besonderen Geschmack, wenn sie nicht ganz frisch sind. Bei dem geringsten Anflug von Ammoniakgeruch oder zu starkem Fischgeruch sollte man sehr vorsichtig sein. Frische Schalentiere duften sauber und nach Meer.
Bei der Zubereitung sollte man darauf achten, daß sie nicht zu lange gegart und daß nicht zu viele Gewürze verwandt werden, die den Geschmack evtl. überdecken. Schalentiere möglichst bei einem Fischhändler oder in einem Supermarkt mit großem Umsatz kaufen und nicht lange aufbewahren.

1 Krabben **2** Wellhornschnecken **3** Jakobsmuscheln **4** Hummer **5** Scampi **6** Garnelen **7** Miesmuscheln **8** Austern **9** Krebs **10** Venusmuscheln **11** Meeresschnecken

Muscheln

Schalentiere müssen, wenn man sie kauft, noch leben. Jakobsmuscheln und Austern kann man vom Fischhändler öffnen lassen. Miesmuscheln und Venusmuscheln werden in der Muschel gegart. Wenn man sie antickt, müssen sie sich schließen, die offenen wegwerfen. Läßt man sie etwa 1 Std. unter fließend kaltem Wasser - so wird der Sand herausgespült. Wellhorn- und Meeresmuscheln gibt es nur fertiggekocht zu kaufen.

Vorbereiten und Kochen

1 Miesmuscheln schrubben und die Bärte entfernen. Die offenen wegwerfen.

2 Jakobsmuscheln öffnen, das Schwarze entfernen, den Muskel zurechtschneiden.

3 In geschlossenem Topf mit reichlich Wasser köcheln lassen. Venus- und Miesmuscheln sind gar, wenn sie sich öffnen.

4 Rohe Jakobsmuscheln werden in Knoblauchbutter hellbraun gebraten (kleine 15 Sek. pro Seite, große 30 Sek.).

Die Jakobsmuscheln mit Croûtons, gegrillten Schinkenstücken und Petersilie auf Salat servieren, mit Dill garnieren.

TIP

Austern geöffnet in der tieferen unteren Schale auf einem Salzbett oder dünnen Meterbrotscheiben servieren.

Die Familie der Krabben

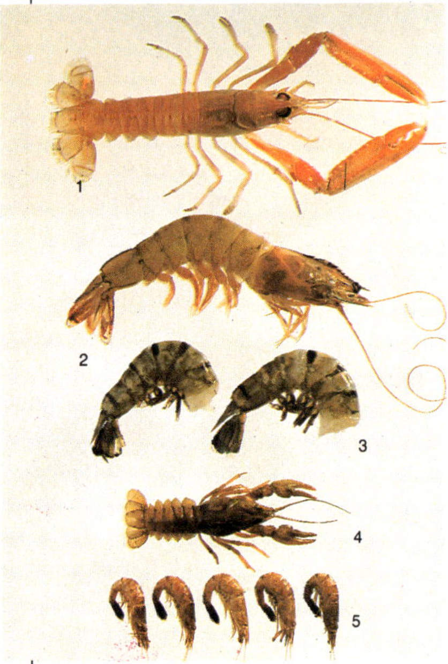

1 Scampi, Languste **2** Königskrabbe, Garnele **3** Tigergarnelen **4** Flußkrebs **5** Krabben

Die kleinen braunen Krabben sind Nordsee- oder Büsumer Krabben; die größeren Tiefsee-Krabben sind rosa. Die meisten Krabbenarten kauft man bereits gekocht, geschält oder ungeschält. Frisch gekocht schmecken sie jedoch am besten.

Darauf sollten Sie achten

Schalentiere, die riechen, sollte man nicht kaufen. Fischvergiftungen sind sehr gefährlich.

Einfrieren

Alle Krabbenarten kann man gegart gut einfrieren. Sie sollten jedoch nicht aufgetaut und wieder eingefroren werden, da etwa vorhandene Mikroorganismen sich jedesmal aufs neue vermehren würden. Außerdem verlieren die Krabben an Saft und werden trocken.

Auftauen

Eingefrorene Schalentiere über Nacht im Kühlschrank auftauen – so bleiben sie saftig, behalten ihren Geschmack und ihre Konsistenz. Gekochte Krabbenarten zwischen zwei Küchenpapierschichten im Kühlschrank auftauen. Beim Auftauen verlieren Krabben an Gewicht: 450 g tiefgefroren wiegen aufgetaut und abgetropft ungefähr 400 g. Aufgetaut max. 24 Std. im Kühlschrank aufbewahren.

Vorbereiten

Die Beine und den Kopf abdrehen. Die Eier herauslösen und für eine Sauce beiseite stellen. Bei großen Krabbenarten den Darm entfernen, indem man die Schale entfernt, den Rücken aufschneidet und den Darm herauszieht.

Zubereitung

Alle Meeresfrüchte sind schnell gar. Bereits gekochte Garnelen z.B. gibt man nur noch zum Aufwärmen in ein Gericht – sonst werden sie trocken. Garnelen und Krabben als Hauptgericht schmecken am besten gebraten, mit dem Bratensaft serviert. Oder mit einem Dip, wie z.B. Knoblauch-Mayonnaise. Garnelen kann man zum Grillen mit Butter, Chili, Pfeffer, Knoblauch, Ingwer und Kräutern würzen.
Aus Garnelen und Krabben lassen sich wundervolle Suppen zubereiten. Nicht zuletzt durch die Schale erhalten sie ihren Geschmack. Die Schale ist nämlich beinahe geschmacksintensiver als das Fleisch. Chefköche verleihen Suppen und Saucen durch gemahlene Meeresfrüchteschalen besonderen Geschmack.

Schmetterlings-Garnelen

Dieses hübsch anzusehende Gericht aus tiefgefrorenen, aufgetauten rohen Garnelen zubereiten. Gegart nehmen sie eine rosa Farbe an. 4-6 Garnelen pro Person berechnen.

Vorbereitungszeit: 30 Min.
Garzeit: 5 Min.
Für 4 Personen

ZUTATEN

16-24 rohe Riesengarnelen

100 g Butter

2 zerpreßte Knoblauchzehen

Zitronenviertel zum Servieren

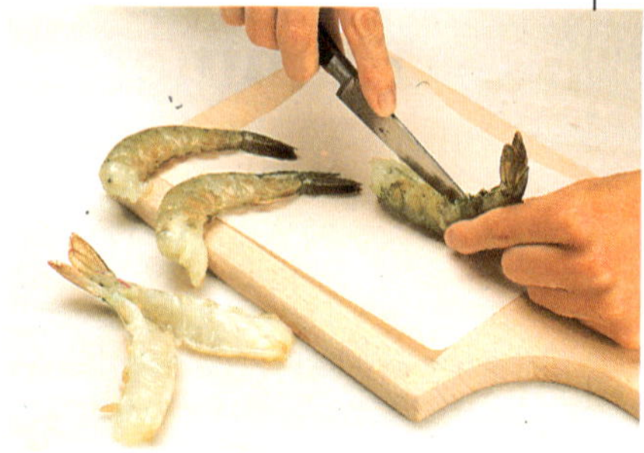

1 Den Kopf und die Beine der Garnelen abdrehen. Das Arbeitsbrett abdecken, damit der Saft nicht einzieht. Die Garnelen der Länge nach aufschneiden.

2 Die Garnelen waschen und flach auf eine Grillpfanne legen. Butter mit dem Knoblauch zergehen lassen und die Garnelen damit einpinseln.

3 Den Grill auf höchste Stufe stellen, und die Garnelen 5 Min. grillen. Dabei drehen sich die Seiten ein und sehen aus wie Schmetterlingsflügel.

Hummer

Hummer sind ohne Frage die Könige der Schalentiere. Sie sind wundervoll anzusehen, schmecken besonders delikat und sind – ob man es glaubt oder nicht – einfach zuzubereiten. Da sie meist im Ganzen gekocht verkauft werden, muß man sie selbst zerteilen und herauslösen. Man erhält sie jedoch auch bereits zerteilt. Am besten bestellt man frisch gekochte Hummer. Da sie relativ teuer sind, sollte man sich die Mühe machen, so frische Hummer wie möglich zu bekommen. Man kann Hummer auch lebend kaufen, muß sie dann aber selbst töten, bevor man sie kocht. Ungekochte, tote Hummer sollte man nicht kaufen, da der Darmtrakt sehr schnell verdirbt. Am besten ist ein Hummer mit einem Gewicht zwischen 450 und 900 g.

Zubereitung eines gekochten Hummers

Will man das Fleisch zubereiten, so muß der Hummer erst zerteilt und gesäubert werden.

1 Den Hummer halbieren, den Magen entfernen. Den fadendünnen Darm entfernen. Die rosa Eier für Saucen oder Hummerbutter verwenden, die weiche grünliche Hummerleber an ihrem Platz lassen oder für Saucen verwenden.

2 Die Scheren und Beine mit einer Zange aufbrechen oder mit einem Hammer aufknacken, und das Fleisch mit einer Hummergabel oder einem Spieß herauslösen.

3 Das Fleisch in einem Stück aus dem Schwanz lösen und in Stücke schneiden.

Hummerbutter

Für Hummerbutter die Eier und nach Geschmack die Leber bei milder Hitze anbraten. Abkühlen lassen und mit der gleichen Menge weicher Butter vermischen. Mit etwas Salz, Pfeffer und Zitronensaft würzen. Evtl. gehackte Petersilie zugeben. Zu einer Rolle formen, gut gekühlt, in Scheiben geschnitten zum Hummer servieren.

Hummer Thermidor

Vorbereitungszeit: 30 Min.
Garzeit: 20 Min.
Für 2 Personen

ZUTATEN

700 g frisch gekochter Hummer

150 ml Sahne

50 g Butter

1 gehackte Schalotte

50 g gehackte Pilze

2 TL Tomatenpüree

75 ml Weißwein

15 g Mehl

1 Prise Cayennepfeffer

1 Lorbeerblatt

Salz und Pfeffer

Zum Überbacken

2 TL gewürfeltes Tomatenfleisch

1 EL Semmelbrösel

2 TL geriebener Parmesan

1 EL zerlassene Butter

Gemüse zum Servieren

glatte Petersilie zum Garnieren

1 Den Hummer aufschneiden, das Fleisch herauslösen und in kleine Stücke schneiden. Den Panzer aufbewahren, die Eier mit Sahne verrühren.

2 Die Schalotte in Butter 2 Min. anbraten. Die Pilze zugeben und 1 Min. anbraten. Tomatenpüree und Weißwein zugeben und köcheln lassen, bis der Wein verdunstet ist.

3 Mehl, Eisahne, Cayennepfeffer, Lorbeer zugeben, mit Salz und Pfeffer würzen. Unter Rühren einkochen lassen, dann die Hummerstücke zugeben.

4 Den Ofen auf 200° C (Gas Stufe 6) vorheizen. Die Hummermischung ohne Lorbeerblatt in die Panzer verteilen. Tomaten, Brösel, Parmesan, Butter darübergeben. Braun backen.

5 Auf 2 Tellern mit neuen Kartoffeln, Bohnen und Petersilie anrichten.

Tintenfische

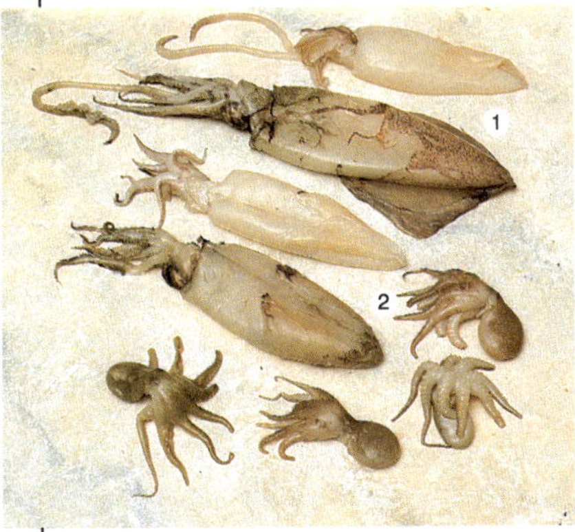

Diese bizarr aussehenden Lebewesen der Gattung Kopffüßer sind in der orientalischen Küche, aber auch in der des Mittelmeerraumes seit Jahrhunderten sehr beliebt. Charakteristisch ist die Konsistenz des Fleisches. Obwohl ungewohnt, so ist es doch sehr angenehm zu kauen. Gut zubereitet ist das Fleisch zart und bißfest. Falsch gegart jedoch erinnert es an Gummi.

1 Tintenfisch
Klein sind sie am zartesten und werden nur gekocht und in Meeresfrüchtesalaten verwendet. Große Tintenfische mariniert man mehrere Std. in Zitronensaft oder Weißweinessig, Zwiebeln, Salz und Pfeffer. Die Fangarme sind am besten, die junger Tintenfische sind in Teig ausgebacken sehr gut. Den ausgenommenen Körper gefüllt garen. Wichtig ist die Garzeit: entweder ist sie sehr kurz oder sehr lang. Anderenfalls wird das Fleisch zäh.

2 Kraken
Die Fangarme abschneiden, die Saugnäpfe entfernen. Den Körper umkrempeln, um die Innereien zu entfernen. Kurz kochen, um die gefleckte Haut zu lösen. Große, zähe Kraken mit einem Holzhammer weich klopfen und mehrere Std. garen. Sehr kleine Kraken grillen oder dünsten.

Kuttelfisch (nicht abgebildet)
Der größte und zarteste der Kopffüßer. Wie Tintenfische vorbereiten, jedoch den Körper mit einem Messer aufschneiden, um harte Teile und Innereien zu entfernen. Wie Tintenfische oder Kraken zubereiten.

Tintenfische vorbereiten

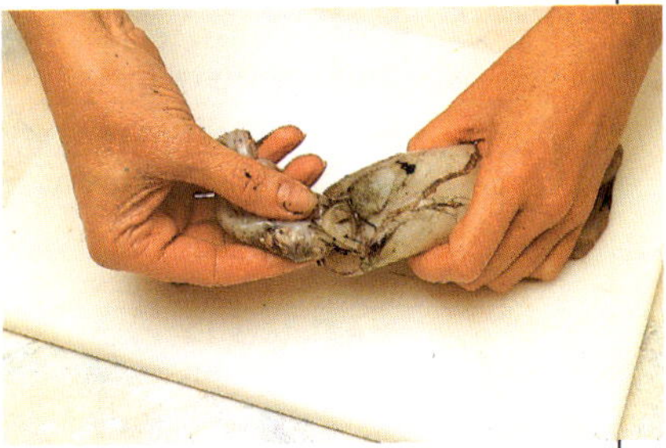

1 Den Körper und den Kopf direkt unter den Augen festhalten und auseinanderziehen.

2 Vorsichtig die gefleckte Haut abziehen und mit Innereien und Kopf beiseite stellen.

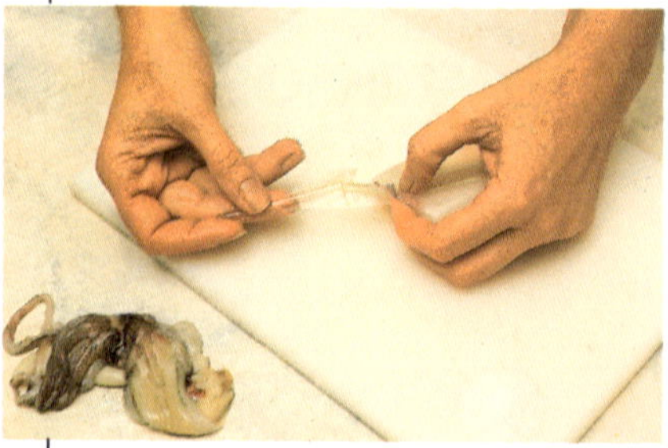

3 Den Knorpel aus dem Körperinneren kräftig, aber vorsichtig herausziehen.

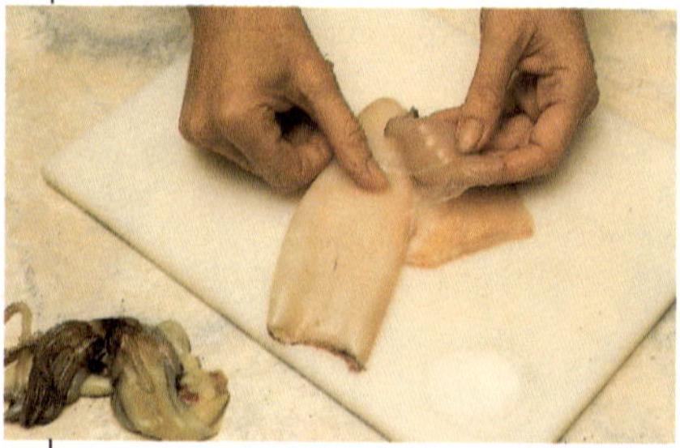

4 Den Körper von innen und außen gut waschen, die beiden Flossen entfernen.

5 Die Fangarme in kurzen Stücken vom Kopf abschneiden. Den Körper füllen oder in Ringe schneiden.

TIP

Bei Kraken und Tintenfischen befindet sich der Tintensack hinter dem Kopf, bei Sepia im Körper. Die „Tinte" wird in vielen Gerichten verwendet.

Gegrillter Tintenfisch

Vorbereitungszeit: 15 Min.
Garzeit: 10-15 Min.
Für 4 Personen

ZUTATEN

700 g kleine, zarte Tintenfische
1 zerdrückte Knoblauchzehe
1 EL gehackte Petersilie
etwas Butter
Salz und Pfeffer
Olivenöl zum Einpinseln

1 Die Tintenfische vorbereiten. Die gehackten Fangarme mit Knoblauch, Petersilie, Butter, Salz und Pfeffer mischen.

2 Die Mischung in die Körper füllen und mit Cocktailspießen zustecken. Mit Olivenöl einpinseln und 10-15 Min. grillen. Nach 5-7 Min. wenden. Mit Zitronenscheiben und Petersilie garnieren und sofort servieren.

Steinbutt in Calvados

Für dieses Rezept aus der Bretagne werden nur die besten Zutaten verwendet — frischer Fisch, Apfelmost, Calvados und süße Äpfel.

Vorbereitungszeit: 20 Min.
Garzeit: 20 Min.
Für 4 Personen

ZUTATEN

125 g Butter
1 Stange Lauch in Scheiben
225 g Champignons in Scheiben
4 Steinbuttfilets à 225 g
300 ml Apfelmost
2 EL Calvados
3 Äpfel
150 ml Crème double
2 EL Zitronensaft
Salz und Pfeffer

1 25 g Butter erhitzen, Lauch und Champignons garen, aber nicht bräunen. Fischfilets zugeben, mit Apfelmost und Calvados übergießen, langsam aufkochen lassen. Inzwischen einen Apfel schälen, entkernen, in dicke Scheiben schneiden und in die Pfanne geben. Nach dem Aufkochen bedeckt 10 Min. köcheln lassen, bis der Fisch gar ist.

2 Die Fischfilets bedeckt warm halten. Die Pfanne vom Herd nehmen, Crème double in die Flüssigkeit rühren, aufkochen lassen, zur Hälfte reduzieren.

TIP

Anstelle von Steinbutt können auch Heilbutt-, Seebrasse-, Glattrochen- oder dicke Kabeljaufilets verwendet werden.

Zu dieser Mahlzeit Salzkartoffeln und grüne Bohnen servieren.

3 Inzwischen den zweiten Apfel entkernen, in Scheiben schneiden und mit Zitronensaft beträufeln. Die Apfelscheiben in 50 g Butter einige Min. hellbraun braten und gut abgetropft warm halten.

4 Die Flüssigkeit vom Herd nehmen, die restliche Butter in kleinen Stückchen einrühren und eindicken lassen. Nach Geschmack würzen. Etwas Sauce über den Fisch geben, den Rest in einer Saucenschüssel reichen. Die Fischfilets mit Apfelscheiben garniert servieren.

Kabeljau auf Fischerart

Auf spanische Art mit Haselnüssen,
Mandeln und Sultaninen zubereiteter Kabeljau.
Mit gerösteten Brotscheiben servieren.

Vorbereitungszeit: 30 Min.
+ Zeit zum Marinieren
Garzeit: ca. 45 Min.
Für 4-6 Personen

ZUTATEN

12 Scheiben Kabeljaufilet
Saft von 2 Zitronen
2 Knoblauchzehen
50 g Mehl
reichlich Öl zum Braten
100 g Sultaninen
je 12 geröstete Haselnüsse und Mandeln
Petersilie
1 Msp. Zimt
Salz und Pfeffer
125 ml Olivenöl

1 Kabeljaufilets salzen und etwa 1 Std. in Zitronensaft marinieren.

2 Herausnehmen und von beiden Seiten in Mehl wenden.

3 Fischfilets in reichlich heißem Öl goldbraun und knusprig braten, zum Abtropfen auf Küchenkrepp geben.

4 Fischfilets nebeneinander in eine Kasserolle legen, mit Sultaninen bestreuen. Den Ofen auf 180° C vorheizen.

5 Knoblauch, Nüsse, Mandeln, Petersilie, Zimt, Salz und Pfeffer im Mörser oder in der Küchenmaschine pürieren. Mit Öl und etwas Wasser zu einer Sauce verarbeiten.

6 Sauce auf dem Fisch verteilen. Im Backofen die Sauce dick werden lassen.

TIP

Fischfilets möglichst nicht wenden, damit sie nicht zerfallen, sondern durch Rütteln der Kasserolle vom Boden lösen.

Delikate Thunfisch-Steaks

Thunfisch mit grüner Sauce und Thunfisch mit Artischocken — zwei beliebte und dabei einfache Gerichte.

Thunfisch mit grüner Sauce

Vorbereitungszeit: 25 Min.
Garzeit: 20 Min.
Für 4 Personen

ZUTATEN

- 4 Scheiben Thunfisch (etwa 800 g)
- Saft von 1 Zitrone
- 1 Zwiebel
- 1 Karotte
- 1 Stange Bleichsellerie
- 2-3 Lorbeerblätter
- 1 Bund Petersilie
- 4-5 EL Olivenöl
- 1/8 l trockener Weißwein
- Salz und Pfeffer

1 Einen großen Topf zur Hälfte mit Wasser füllen, Weißwein, Karotte, Sellerie, Zwiebel, Lorbeer, 1 Zweig Petersilie, die Hälfte des Zitronensaftes sowie Salz und Pfeffer zugeben.

2 Thunfischscheiben einlegen und langsam aufkochen. 20 Min. teilweise bedeckt ziehen lassen.

3 Für die Sauce die restliche Petersilie hacken und mit dem restlichen Zitronensaft, Salz, Pfeffer und Öl sorgfältig verrühren.

4 Thunfisch im Sud abkühlen lassen, herausheben und auf einen Teller geben. Nach Geschmack mit Zitronenscheiben und Petersilienbüscheln garnieren. Die Sauce separat servieren.

Thunfisch mit Artischocken

Vorbereitungszeit: 1 Std.
Garzeit: 30 Min.
Für 4 Personen

ZUTATEN

- 800 g Thunfisch in Scheiben
- 500 g Artischockenherzen aus der Dose
- 2 EL Semmelbrösel
- 1 EL gehackte Petersilie
- 1 gehackte Knoblauchzehe
- Saft von 1 Zitrone
- Olivenöl
- Salz und Pfeffer

1 Den Ofen auf 180° C vorheizen. Eine Schicht Fischscheiben in eine ofenfeste, mit Öl gefettete Form legen. Mit Semmelbröseln, Knoblauch, Petersilie, Salz und Pfeffer bestreuen, Fischscheiben auflegen. Artischockenherzen abtropfen lassen, darauf verteilen.

2 Mit Öl und Zitronensaft beträufeln, ca. 1/2 Std. im Ofen garen.

Fisch-Kasserolle mit Tomaten und Cayennepfeffer

Dieses köstliche Tomaten-Fisch-Gericht ist schnell und einfach zubereitet. Das Aroma erinnert an Sommer und Sonnenschein.

Zubereitungszeit: 5 Min.
Garzeit: 15 Min.
Für 4 Personen

ZUTATEN

1 große Zwiebel in Scheiben
1 EL Olivenöl
400 g gehackte Tomaten aus der Dose
2 EL gehackte Petersilie
1/2 TL Cayennepfeffer
Salz und Pfeffer
2 Zucchini
4 Seebarben-Steaks

1 Die Zwiebel im Öl weich, aber nicht braun dünsten.

2 Tomaten, Petersilie und Gewürze zugeben. Umrühren, aufkochen, 2-3 Min. garen.

3 Zucchini und Fisch zugeben, aufkochen und zugedeckt 10 Min. köcheln lassen, bis der Fisch gar ist. Auf Teller oder in eine Schüssel geben und servieren.

TIP

Statt der Seebarben-Steaks kann man Steaks vom Dorsch, Schellfisch oder Heilbutt verwenden.

Die Fisch-Kasserolle mit gekochtem weißem oder Naturreis servieren. Wegen der Sauce bietet sich als Beilage auch Baguette oder griechisches Brot mit Butter zum Stippen an. Eine Gemüsebeilage ist nicht nötig.

Fisch-Kebabs

Aufgespießte Fischwürfel, einige in Speck eingerollt, ergeben ein herrliches Abendessen. Dorsch und Weißfisch sind die dafür passenden Fischarten.

Vorbereitungszeit: 20 Min.
Garzeit: 10 Min.
Für 4 Personen

Z U T A T E N

450 g feste weiße Fischfilets

4 Scheiben durchwachsener Speck

2 EL zerlassene Butter

schwarzer Pfeffer

2 gehackte Dillzweige

Salatblätter zum Garnieren

1 Den Fisch würfeln. Den Speck auf einer Arbeitsfläche mit einem Messerrücken der Länge nach strecken, dann in kurze Stücke schneiden. Die Hälfte der Fischwürfel in Speck wickeln.

2 Fischwürfel abwechselnd aufspießen, mit Pfeffer und Dill bestreuen.

3 Den Grill vorheizen, und die Kebabs unter Wenden bräunen. Den restlichen Dill darüberstreuen und auf den Salatblättern angerichtet servieren.

TIP

Läßt man die Haut an den Fischwürfeln, so halten sie besser zusammen. Es dürfen jedoch keine Schuppen mehr daran sein. Die Fischwürfel mit der Haut nach außen aufspießen, damit sie kroß und braun wird.

Darauf sollten Sie achten

Das Fischfleisch ist sehr zart. Grillpfanne daher mit Öl ausstreichen, damit die Filets nicht klebenbleiben. Auch die Spieße sollten eingeölt sein.

Durch einen gut gekühlten Blanc de Blanc wird dieses Gericht abgerundet.

Forelle mit Haselnüssen

Die proteinreiche und fettarme Forelle kann man zu allen Gelegenheiten servieren. Hier wird sie gebraten mit einer nussigen Dillsauce angerichtet.

Vorbereitungszeit: 20 Min.
Garzeit: 15 Min.
Für 4 Personen

ZUTATEN

4 Regenbogenforellen à 250 g
Salz und Pfeffer
25 g Butter
1 EL Öl
75 g Haselnüsse ohne Haut
2 EL Weißweinessig
2 Eigelb
225 g zerlassene Butter
1-2 EL gehackter Dill
Zitronenscheiben und Dillzweige zum Garnieren

1 Forellen mit Salz säubern und bei mittlerer Hitze in Öl und Butter von jeder Seite 5-6 Min. goldbraun braten, bis sie durchgegart sind.

2 Aus der Pfanne heben und warm stellen. Eine Hälfte der Haselnüsse in die Pfanne geben und bräunen. Auf Küchenkrepp abtropfen lassen, warm stellen.

Als Beilagen Zuckererbsen und Salzkartoffeln oder Salat servieren.

3 Essig auf 1 EL einkochen. Restliche Nüsse rösten und hacken. Eigelb und Essig in die Küchenmaschine geben.

4 Butter langsam zugießen, bis die Mischung andickt. Haselnüsse und Dill unterheben und würzen.

5 Forellen mit Zitrone, Dill und Haselnüssen garnieren. Sauce sehr vorsichtig erwärmen, damit sie nicht gerinnt.

TIP

Haselnüsse immer nur in kleinen Mengen kaufen und luftdicht verschlossen aufbewahren, da sie leicht ranzig werden.

Gefüllte Regenbogenforelle

Zur Forelle mit einer italienischen Käse-Spinatfüllung Safranreis und Salat mit Haselnußöl servieren.

Vorbereitungszeit: 20 Min.
Garzeit: 30 Min.
Für 4 Personen

ZUTATEN

4 Regenbogenforellen à 225 g

Salz und Pfeffer

Zitronensaft

Butter zum Einfetten

glatte Petersilie und Zitronenscheiben zum Dekorieren

Für die Füllung

50 g tiefgefrorener gehackter Spinat

100 g Ricotta

1 TL Mehl

1 Eigelb

2 EL Crème double

Saft und Schale 1/2 Zitrone

Salz und Pfeffer

1 Prise geriebene Muskatnuß

1 Den Ofen auf 180°C (Gas Stufe 4) vorheizen. Den Fisch an der Bauchseite aufschlitzen, ausnehmen. Mit der Haut nach unten legen und mit dem Daumen die Mittelgräte entlangdrücken.

2 Die Mittelgräte entfernen. Würzen und mit Zitronensaft beträufeln.

3 Für die Füllung: den Spinat bei niedriger Hitze aufwärmen, bis die Feuchtigkeit verdunstet ist. Käse, Mehl, Eigelb, Crème double, Zitronenschale und -saft dazugeben. Mit Salz, Pfeffer und Muskat würzen.

4 Die Füllung in 4 gleiche Häufchen teilen und in die Forellen füllen. Die Fische wieder in Form bringen.

5 Die Forellen mit einem scharfen Messer einschneiden und einzeln in gefettete Folie wickeln. Auf ein Bratblech legen und 12 mm kochendes Wasser dazugießen. 30 Min. backen, dekorieren.

TIP

Sollte Ricotta nicht vorhanden sein, kann Hüttenkäse verwendet werden.

Zu dieser Mahlzeit einen leichten Weißwein, z.B. Mosel, servieren.

Muscheln in Weißwein

INTERNATIONAL

Erinnerungen ans Mittelmeer werden wach bei diesem Gericht. Am besten auf Spaghetti servieren oder in Suppentellern reichen, mit reichlich Weißbrot, um die Sauce aufzutunken.

Vorbereitungszeit: 10 Min.
Garzeit: 20 Min.
Für 4 Personen

ZUTATEN

900 g Venusmuscheln
2 EL Butter
1 feingehackte, große Zwiebel
3 zerpreßte Knoblauchzehen
1 EL Mehl
300 ml Weißwein
225 g Crème double
Salz und Pfeffer
4 EL gehackte Petersilie

1 Die Muscheln unter fließendem kaltem Wasser gründlich waschen.

2 Zwiebel und Knoblauch in zerlassener Butter bei mittlerer Hitze 5 Min. glasig dünsten. Das Mehl darüberstäuben und 2 Min. kochen lassen.

3 Unter Rühren mit dem Wein ablöschen. In 2 Min. zu einer geschmeidigen Sauce einkochen lassen.

4 Die Muscheln zugeben. Den Topf abdecken und mehrmals schütteln. 15 Min. kochen, bis die Muscheln offen sind, hin und wieder schütteln.

5 Bei wenig Hitze die Crème double unterrühren. Würzen, mit Petersilie bestreuen.

TIP

In guten Fischgeschäften sind frische Venusmuscheln nach Vorbestellung erhältlich. Man kann jedoch auch Muscheln aus der Dose verwenden und diese nur 2-3 Min. aufwärmen.

Einen leichten Weißwein, wie z. B. Muscadet oder Soave, dazu reichen.

Langusten in Estragon

Langusten, norwegischer Hummer, Dublin-Bay-Garnelen oder Scampi? Wie immer sie genannt werden, alle gehören zur Familie der Hummer und sind eine Delikatesse.

Vorbereitungszeit: 1 Std.
Garzeit: 55 Min.
Für 4 Personen

ZUTATEN

20 ungekochte Langusten oder Scampi
2 EL Olivenöl
1 kleine, feingehackte Karotte
50 g frischer, feingehackter Fenchel
1 kleine, in Scheiben geschnittene Zwiebel
1 zerdrückte Knoblauchzehe
5 reife, geviertelte Tomaten
3 EL Brandy
200 ml trockener Weißwein
300 ml helle Fischbrühe oder Wasser
1 TL Tomatenmark
1 EL frischer, gehackter Estragon
2 EL Maismehl
75 ml Crème double
1 TL Estragonessig
Cayennepfeffer

1 Ofen auf 220° C vorheizen. In einem großen Topf Salzwasser aufkochen. Je 10 Langusten gleichzeitig hineingeben, 3-4 Min. köcheln lassen. Dann in kaltes Wasser geben. Abkühlen lassen und schälen, Fleisch und Schalen aufheben. Schalen auf einem Blech auf der mittleren Schiene im vorgeheizten Ofen 25 Min. rösten, damit sich ihr Aroma entfaltet.

2 Öl erhitzen, Karotte, Fenchel, Zwiebel, Knoblauch und Tomaten zugeben. Bei schwacher Hitze 6-8 Min. dünsten.

3 Schalen ohne Köpfe und Scheren in einem Mixer zu Pulver verarbeiten. Gemüse hineingeben, mixen. Brandy und Wein zugeben, Masse durch ein Drahtsieb passieren. Die zurückbleibende Masse in die Fischbrühe oder das Wasser geben, dann durch ein Sieb in die Weinflüssigkeit gießen.

4 Flüssigkeit aufkochen, Mark und Estragon zugeben. Mehl mit 2 EL Wasser vermischen, einrühren, aufkochen. Crème double unterrühren, Estragonessig zugeben

5 Die geschälten Schwänze längs halbieren. Die dunklen Eingeweide entfernen, Schwänze in der Sauce erhitzen.

Langusten mit Butterkartoffeln, mit Petersilie bestreut, jungen Karotten und grünen Bohnen servieren.

Fleisch

Rindfleisch

Die Farbe gekauften Rindfleisches variiert zwischen rosa und dunkelrot, je nachdem wie alt das Tier war und aus was für einer Züchtung es stammt, ob es männlich oder weiblich war und wie lange das Fleisch abgehangen ist (das sollten mindestens 8 Tage sein). Das Fleisch sollte von dünnen, weiß-gelben Fettfasern durchzogen sein, die während des Garens verschwinden, das Fleisch aber saftig halten.

Verpackung von Rindfleisch

Direkt beim Schlachter wird das Fleisch in beschichtetes Papier gewickelt. Für Supermärkte gibt es verschiedene Verpackungsmethoden. Z.B. wird das Fleisch auf einer festen Unterlage in Cellophan verpackt und die Luft aus der Verpackung gesaugt. So wird das Fleisch nicht braun. Nicht luftdicht verpacktes Fleisch verliert seine Farbe durch den Kontakt mit Sauerstoff. Es hält sich auch kühl gelagert in Supermärkten nicht sehr lange. Luftdicht verpacktes Fleisch unausgepackt, anderes ausgepackt und in Pergamentpapier oder Frischhaltefolie gewickelt am Boden des Kühlschrankes aufbewahren. Knochen halten sich so bis zu 4 Tagen. Geschnittenes Fleisch hält sich bis zu 2 Tagen und Hack 1 Tag.

Einfrieren

Das Fleisch trockentupfen und doppelt in Cellophan wickeln. Knochen bis zu 1 Jahr, Stücke oder Hack bis zu 4 Monaten einfrieren.

Bratenstücke

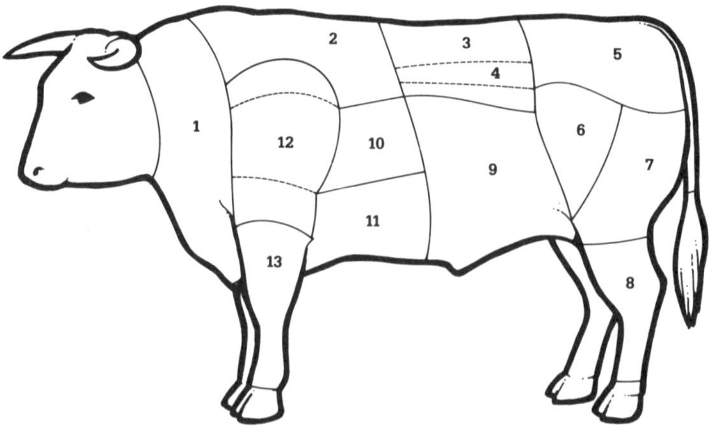

Generell ist zu beachten, daß man Fleisch aus dem Hinterteil gut grillen oder braten kann, wohingegen Stücke aus dem Vorderteil intensiver im Geschmack sind, aber auch zäher und daher lange Garzeiten benötigen.

1 Hals: in Stücken oder durchgedreht kaufen, guter Geschmack, ergibt eine schmackhafte Sauce, wenn man es langsam gart.

2 Fehlrippe/Hohe Rippe: Fehlrippe in Würfeln, in Scheiben oder durchgedreht kaufen, langsam garen. Hohe Rippe: insgesamt gibt es 13 Rippen. Die ersten 3 gehören zur Fehlrippe und werden ohne Knochen verkauft. Die nächsten 4 zusammen ergeben einen Braten, als Ganzes gegart oder ohne Knochen als Rollbraten. Die nächsten 3 Rippen haben kleinere Knochen, aber den gleichen guten Geschmack wie die vorherigen. Das Fleisch um die letzten 3 Rippen ist relativ teuer, zart und schon ein Teil der Lende.

3 Roastbeef: zarter, vorzüglicher Braten zum Grillen und Braten.

4 Filet: im Ganzen braten, zerlegt erhält man Porterhouse-, T-Bone- und Filet-Steaks.

5 Hüfte: mageres, vorzügliches Fleisch zum Grillen und Braten.

6 Kugel: zum Kurzbraten und Grillen geeignet.

7 Oberschale/Unterschale: Braten sind mager, eignen sich zum Kochen, Einsalzen, Pochieren, Schmoren, Braten oder zum roh Verarbeiten.

8 Hinterbein: besser als das Vorderbein; mageres Fleisch, das in Scheiben, Stücken oder im Ganzen gegart wird.

9 Dünnung: preiswertes, grobfaseriges Fleisch, in Scheiben oder Würfeln für Eintöpfe geeignet.

10 Querrippe: mageres Fleisch ohne Knochen als Rollbraten, oder in Scheiben zum Schmoren.

11 Brust: grobfaseriges fettes Fleisch für Suppen und Eintöpfe.

12 Bug: Zum Kochen und Schmoren geeignet.

13 Vorderbein: muß lange bei wenig Hitze garen.

Umwickeln und Spicken

Sehr mageres Fleisch wie Roastbeef oder Keule muß zum Braten mit Speck zubereitet werden, damit es saftig bleibt. Dafür wird das Fleisch entweder mit Speck umwickelt oder gespickt, wobei Spicken nicht unbedingt jedermanns Sache ist, da das Fett im Fleisch bleibt. Gespickt und umwickelt wird mit fettem Speck, der vor Gebrauch flachgeklopft wird. Etwas weniger geeignet ist durchwachsener Speck.

Umwickeln

1 Ein großes oder mehrere längliche Speckstücke dünn zuschneiden, um den Braten legen, mehrmals mit Band umwickeln und verknoten.

Spicken

1 Ein größeres Stück fetter Speck wird in 6 mm dicke, 5 cm lange Streifen geschnitten (evtl. beim Schlachter bestellen).

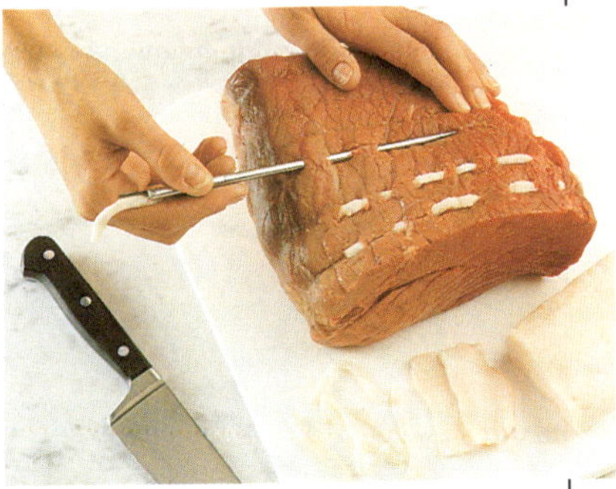

2 Die Streifen einzeln mit einer Spicknadel unter die Oberfläche des Fleisches bringen. Dabei im Abstand von ca. 1 cm durch das Fleisch spicken.

3 Die Streifen unterschiedlich in das Fleisch spicken, damit zum Schluß ein Korbgeflecht entsteht.

TIP

Bevor das Fleisch mit Speck umwickelt wird, kann man es mit frischen Kräutern oder gehacktem Knoblauch würzen. Beides wird unter den Speck geschoben.

Braten

Befolgt man die folgenden Ratschläge, so wird jeder Braten außen schön braun, innen aber saftig und zart sein. Rippenstücke, Roastbeef, Filet oder Keulenbraten verwenden. Große Braten sind besser geeignet, da sich das Fleisch beim Braten zusammenzieht.

Vorbereitung

Fleisch aus dem Kühlschrank in ca. 2 Std. auf Raumtemperatur bringen. Rippenstücke an den Knochen einschneiden, nach dem Braten entfernen. Das Fleisch trockentupfen, mit gemahlenem Pfeffer einreiben und mageres Fleisch, falls nicht mit Speck umwickelt oder gespickt, mit Öl einpinseln. Den Braten auf einem Gitter immer in den vorgeheizten Ofen schieben, ab und zu während des Bratens begießen.

Vorschlag

Etwas Mehl, Senf und Pfeffer mischen und den Braten, wenn er aus dem Kühlschrank kommt, damit einreiben. Die Gewürze ziehen in das Fleisch ein und geben ihm einen wunderbaren Geschmack.

Starke Hitze: Das Fleisch im 220° C (Gas Stufe 7) heißen Ofen 15 Min. anbraten, dann entsprechend der Tabelle bei 180° C (Gas Stufe 4) garen. 350 g Fleisch mit Knochen und 175-225 g ohne Knochen pro Person berechnen.

Schwache Hitze: Daş Fleisch durchgehend bei 170 ° C (Gas Stufe 3) garen. Es gart dann gleichmäßig, bleibt aber innen nicht rot.

Bratzeiten

Starke Hitze pro 450 g	
ohne Knochen	
rot	10 Min.
mittel	15 Min.
durch	20 Min.
am Knochen	
rot	15 Min.
mittel	20 Min.
durch	25 Min.
Schwache Hitze	
mittel	25 Min.
durch	35 Min.

Wie gar ist das Fleisch?

Um das zu testen, sticht man an der dicksten Stelle in den Braten. Der austretende Saft ist rot für rohes, rosa für mittelweiches und klar für durchgebratenes Fleisch.

Spießbraten

Sie gelingen mit speziellem Werkzeug am besten.

Garen im Topf

Braten mittlerer Qualität gelingen mit Wein im Topf gegart sehr gut. Sie sollten ohne Knochen aufgerollt, zusammengebunden und möglichst ohne Fett sein.

Rinderbraten im Topf

Vorbereitungszeit: 20 Min.
Garzeit: 3 1/4 Std.
Für 6-8 Personen

ZUTATEN

1,8 kg Brust, Schulter oder Querrippe
3 EL Öl
1 kleingehackte Zwiebel
1 kleingehackte große Karotte
2 kleingehackte Selleriestangen
1 zerpreßte Knoblauchzehe
300 ml Rotwein
1 Lorbeerblatt
400 g Tomaten aus der Dose
Salz und Pfeffer

1 Den Ofen auf 170° C (Gas Stufe 3) vorheizen. Das Öl in einer entsprechend großen Kasserole erhitzen. Das Fleisch von allen Seiten darin bei starker Hitze braun anbraten.

2 Das Fleisch herausnehmen, das Gemüse und den Knoblauch in der Kasserole weichkochen. Die restlichen Zutaten zugeben und aufkochen.

3 Das Fleisch zugeben, würzen und abgedeckt 3 Std. garen, nach $1^1/_2$ Std. wenden.

4 Das Fleisch herausnehmen und warmstellen. Das Lorbeerblatt entfernen, das Gemüse und den Bratensaft durch ein Sieb passieren. Erwärmen, überschüssiges Fett abschöpfen. Das Fleisch aufschneiden und das Gemüsepüree darüber gießen.

TIP

Falls der Deckel der Kasserole nicht richtig schließt, mit Alufolie abdecken.

Schmoren

Geschmortes Fleisch läßt sich auf zwei Arten zubereiten. Entweder wird es auf einem Gemüsebett gegart und das Gemüse hinterher für die Sauce verwendet, oder man setzt das Fleisch mit dem Gemüse auf und reicht beides zusammen.

1 Das Fleisch ohne Fett in Mehl wenden. Von beiden Seiten 2 Min. im Fett anbraten.

2 Brühe, Tomaten, Tomatenpüree zugeben und zugedeckt ca. 1½ Std. köcheln lassen, die Zwiebeln zugeben.

3 Für die Klöße das gesiebte Mehl, Backpulver und Salz mit Butter, Eiern und Milch zu einem Teig verarbeiten. Den Teig teelöffelweise in die Kasserole geben und 20 Min. mitgaren.

4 Das Fleisch mit den Zwiebeln und Klößen servieren. Den Kochsud aufkochen und dazu reichen.

Schmorfleisch mit Mehlklößen

Vorbereitungszeit: 15 Min.
Garzeit: 2 Std.
Für 6 Personen

ZUTATEN
1,4 kg Schmorfleisch in 6 Stücken
2 EL Mehl
25 g Butter
3 EL Öl
600 ml Rinderbrühe
400 g Tomaten aus der Dose
1 EL Tomatenpüree
450 g Perlzwiebeln
Für die Mehlklöße
100 g Mehl
2 TL Backpulver
Salz
25 g Butter
1 Ei
ca. 150 ml Milch

Schweinefleisch

Es mag überraschen, aber der Sonntagsbraten besteht bei sehr vielen Familien aus Rinderbraten oder Hühnchen. Gegrillte Schweinshaxe aber, mit knuspriger Kruste, zartem Duft nach Salbei und einer echten Bratensauce, ist eine wirkliche Versuchung. Vielleicht resultiert die abwehrende Haltung vieler daher, daß sie sich beim Einkauf nicht ganz sicher fühlen oder sich Sorgen über nicht ganz durchgebratenes Fleisch machen. Schweinefleisch weist qualitativ weit größere Unterschiede auf als z.B. Lamm, aber es lohnt sich, nach gutem Schweinefleisch zu suchen.

Schweinefleisch kaufen

Die Gewähr, gutes Fleisch zu erhalten, bietet ein verläßlicher Fleischer. Schweinefleisch sollte hell sein, niemals blutig, es sollte süßlich riechen und nicht zu feucht sein. Fett ist am besten strahlend weiß. Beim Zuschneiden aufpassen, daß die Fettschicht nicht zu dick ist. Pro Person rechnet man 275-350 g Fleisch ohne Knochen.

Aufbewahren und Einfrieren

Schweinefleisch kann einige Tage im Kühlschrank lagern. Große Stükke mit Folie abdecken, kleinere in Plastiktüten packen. Riecht das Fleisch etwas, unter kaltem Wasser abwaschen und mit einer Mischung aus Salz und Weinessig einreiben. Bleibt der Geruch, ist das Fleisch verdorben. Wird Schweinefleisch 3-4 Tage vor dem Kochen gekauft, friert man es am besten ein. Es hält sich bis zu 6 Monaten, Innereien, Gehacktes und Würstchen etwa 3 Monate lang.

Welche Stücke wofür?

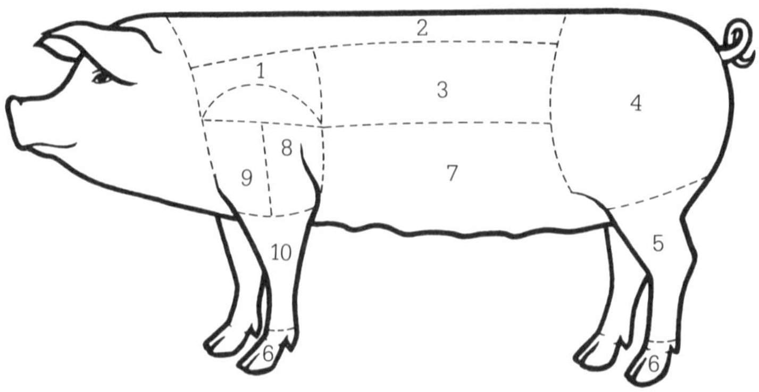

1 Nacken (Kamm): Ein großes, von Fett durchzogenes Stück Fleisch, das am Kopf ansetzt und unter dem Rückenspeck liegt. Das ganze Stück wird sowohl als Braten verwendet, aber auch zum Kurzbraten, Grillen und darüber hinaus zum Kochen.

2 Rückenspeck (fetter Speck): Kann geräuchert, in Scheiben geschnitten, gebraten oder zum Belegen und Einwickeln verwendet werden.

3 Kotelett (Karbonade): Dieses Stück brät man im Ganzen oder zerteilt in Scheiben, auch zum Grillen geeignet. Angewachsen am Knochen ist das Filet (Lende), ein dünnes, längliches Fleischstück, das sich zum Kurzbraten eignet.

4 Schinken: Aus dem Schinkenteil werden Schnitzel geschnitten, aber auch ganze Braten mit Knochen. Beides zum Braten geeignet. Und natürlich wird geräucherter Schinken daraus hergestellt.

5 Schinken-Eisbein: Wird im Ganzen gebraten oder gegrillt.

6 Pfoten: Werden gekocht oder zu Sülze verarbeitet.

7 Bauch: Dünnes, flaches Stück Fleisch, durchzogen von Fett und kleinen Knorpelstücken. Das dicke Ende am Vorderbein ist fleischiger als am hinteren. Kochen oder ohne Knochen rollen oder entlang der Knochen zerteilen und mit Grillmarinade braten.

8 Schulter (Bug): Wird im Ganzen gebraten, in Scheiben geschnitten gegrillt oder für Ragouts verwendet.

9 Dicke Rippe: Bruststück, zum Kochen und Braten verwenden.

10 Vorder-Eisbein: Wird wie Schinken-Eisbein verwendet.

Braten in der Pfanne

Neben Koteletts kann man Filet, Bauchfleisch und Lende in der Pfanne braten. Damit die Fleischporen sich schließen, das Fleisch zuerst in heißem Fett auf beiden Seiten bei großer Hitze anbraten, dann bei geringerer Hitze durchgaren.

Saftiges Kotelett

Vorbereitungszeit: 15 Min.
Garzeit: 15 Min.
Für 4 Personen

ZUTATEN
8 Koteletts ohne Knochen, in 1/2 cm dicke Scheiben geschnitten
50 g Butter
75 ml Weißwein
125-150 ml Crème double
2 TL grober Senf
Salz und Pfeffer

1 Die Koteletts klopfen und in der Butter durchbraten. Auf einer Platte warm halten.

2 Bratenfett mit Weißwein ablöschen, Crème double, Senf, Salz und Pfeffer dazumischen und einkochen lassen. Sauce über das Fleisch geben und servieren.

Mikrowelle

Vor dem Braten das Fleisch wiegen und die Bratdauer abschätzen. In der Pfanne auf beiden Seiten anbraten. Mit Fettseite nach unten am besten auf einen Backrost oder eine umgedrehte Untertasse in ein großes Gefäß geben, damit das Fleisch nicht im Bratensaft liegt. Nach der halben Garzeit Bratensaft abgießen. Fleisch immer zugedeckt 5-10 Min. ziehen lassen.

Speck

Im Mikrowellenherd braten Speckscheiben vorzüglich. Vorher die Schwarte einschneiden, dann rollt er sich nicht. Auf einem Rost zwischen 2 Lagen Küchenpapier bei Hochtemperatur (100%) backen, das Papier entfernen.

Mikrowellen-Zeiten

Per 450 g Schweinefleisch	**HOCHTEMPERATUR (100%)**
Bein und Lende mit Knochen	10-12 Min.
Bein und Schulter ohne Knochen	11-13 Min.
zarte Lende	6-8 Min.
Schweinekotelett	7-8 Min.
Speck	
2 Scheiben Speck	1 1/2-2 Min.
4 Scheiben Speck	3 1/2-4 Min.

Schmoren

Schmoren heißt, im Ofen langsam in einer schmackhaften Sauce oder Brühe garen. Am besten eignen sich Schulter-, Brust-, Bauch- und Beinfleisch.

Würziger Schmorbraten

Vorbereitungszeit: 10-15 Min.
Garzeit: 2 Std.
Für 6 Personen

ZUTATEN
50 g Mehl
1 TL Currypulver
Salz und Pfeffer
900 g mageres Schweinefleisch in 2,5 cm großen Würfeln
50 g Butter
1 gehackte Zwiebel
2 Stangen Lauch, gewaschen und in dicken Ringen
100 g halbierte Champignons
400 g Dosentomaten
150 ml Brühe
1 EL gehackter Oregano

1 Ofen auf 180° C (Gas Stufe 4) vorheizen. 25 g Mehl, Curry, Salz und Pfeffer mischen, Fleisch darin wenden und in 25 g Butter hellbraun anbraten. In eine Kasserolle füllen.

2 Zwiebeln in restlicher Butter dünsten, Lauch und Pilze dazugeben, wenn sie weich sind, restliches Mehl, Tomaten, Brühe und Oregano.

3 Langsam aufkochen und zum Fleisch geben. Im Ofen 1¾ Std. garen, bis die Sauce dick und das Fleisch weich ist.

Braten

Mit oder ohne Knochen, die meisten Stücke vom Schwein eignen sich zum Braten. Im Gegensatz zum Lammfleisch wird Schweinefleisch immer unbedeckt und sehr langsam durchgebraten — das ist gesünder und schmeckt auch besser.

Vorbereitung

Lange vor dem Braten Fleisch aus dem Kühlschrank nehmen, damit es die Raumtemperatur annimmt. Tiefgefrorenes Fleisch langsam im Kühlschrank auftauen lassen, damit es nicht zu viel Saft verliert. Hierfür folgende Zeiten kalkulieren:

Bratenstücke	bis 2 kg — 12 Std.
	bis 3 kg — 24 Std.
	bis 4 kg — 36 Std.
	bis 5 kg — 48 Std.

Bratzeit

Braten ohne Knochen: 30 Min. pro 500 g bei 200° C (Gas Stufe 6).
Braten mit Knochen:
zusätzlich 30 Min.
Gefüllte Braten: 30 Min. pro 500 g plus 20-30 Min. bei 190° C (Gas Stufe 5). Mit einem Spieß Garprobe machen: der heraustretende Saft sollte klar und nicht mehr rosa sein.

Kruste

Abgesehen vom Schweinebauch ergibt die Schwarte eine köstliche Kruste. Hierfür die Schwarte bis ins Fett — nicht ins Fleisch — einschneiden. Mit kochendem Wasser überbrühen, damit sich die Einschnitte öffnen, trockentupfen. Schwarte mit Öl einpinseln und mit Salz und Pfeffer einreiben. Während des Bratens nicht begießen.

Bratensaft

Für eine ungewöhnliche Bratensauce alles Fett abschöpfen, 1 EL Mehl in den Bratensaft einrühren und 300 ml trockenen Weißwein oder Cidre angießen. Mit 2 TL frischem, gehacktem Salbei, Salz und Pfeffer würzen, zu sirupartiger Konsistenz einkochen.

Zum Schweinebraten geröstete Kartoffeln servieren, mit Brunnenkresse garnieren.

Tranchieren

Die Kruste vom Braten trennen, und das Fleisch zugedeckt etwa 10 Min. ruhen lassen. Dann läßt es sich sehr leicht aufschneiden.

Schinken-Eisbein

Auf der dickeren Seite senkrecht zum Knochen der Länge nach einschneiden, Knochen heraustrennen und Fleisch quer zur Faser in Scheiben schneiden.

Eisbein

1 Schräg zum Knochen von beiden Seiten Scheiben abschneiden.

2 Das restliche Fleisch der Länge nach vom Knochen trennen.

Kotelettbraten

1 Mit einem stabilen Fleischmesser zuerst das Rückgrat mit etwas Kraft vom Braten trennen.

2 Das Fleisch im ganzen Stück vom Rippenstrang abschneiden, aufschneiden.

TIP

Als Abwechslung dickere Scheiben vom Kotelettbraten mit anhängendem Rippenknochen servieren. Hierfür nur das Rückgrat entfernen und durch die knusprige Haut zwischen den Rippen tranchieren. Diese Art empfiehlt sich besonders für Lendenkotelett-Braten mit anhängendem Filet.

Kalbfleisch

Zartes, saftiges Kalbfleisch ist eine wahre Delikatesse. In Tomatensauce und Kräutern sanft geschmorte Beinstücke sind als „Ossobuco“ eines der bekanntesten und besten Kalbfleischgerichte. Kalbfleisch besitzt einen so guten Ruf, weil es zart, fettarm und gut bekömmlich ist. Entsprechend Aufzucht und Mast der Tiere unterscheidet man zwischen dem sehr blassen, teureren Milchkalbfleisch und Fleisch von älteren Kälbern, die mit Gras und Kraftfutter gemästet wurden. Letzteres hat eine kräftige rosa Farbe und eignet sich zum langsamen Garen und für Eintöpfe und Pasteten. Fleisch vom Milchkalb sollte beim Kurzbraten, gespickt oder mit Speck umwickelt, vom Austrocknen bewahrt werden. Kalbsknochen ergeben eine köstliche Brühe von sehr feinem Geschmack, die klar ist und ohne weitere Zutaten geliert.

Bratenstücke

Kleinere Fleischmengen wie Schnitzel sind immer erhältlich, große, ganze Bratenstücke muß man evtl. vorbestellen. Kalbfleisch soll mild und frisch duften. Große Stücke bleiben länger frisch, in Scheiben geschnittenes Kalbfleisch soll spätestens am Tag nach dem Einkauf verwendet werden.

1 Kalbskopf: Gefüllt galt er früher als Krönung der Tafel, wird heute nur selten verwendet.

2 Nacken: Fleischig, gut in Eintopf, Gulasch und Frikassee.

3 Schulter: Mager und von unterschiedlicher Festigkeit. Geeignet als Braten mit oder ohne Knochen, entbeint zum Füllen und Schmoren.

4 Rücken: Zart und mager, im ganzen Stück oder als Kotelett braten. Herausgelöstes Filet in Medaillons geschnitten braten.

5 Dünnung (Lappen): Zart und von intensivem Geschmack. Entbeint, gefüllt und aufgerollt hervorragender Braten.

6 Keule: Eignet sich als ganzer Braten, meist jedoch zerlegt in Kugel, Unterschale und Oberschale, aus der das beste Schnitzel geschnitten wird.

7 Vorder- und Hinterhaxe: Im ganzen Stück oder als Beinscheibe schmoren oder gar ziehen lassen. Wertvoll durch hohen Gelatineanteil und Markknochen.

Entbeinen

Man sollte wissen, wie man den Knochen aus einem Stück Kalbsbrust herauslöst. Ein vergleichsweise billiges Stück Fleisch wird, gefüllt und aufgerollt, so zu einem leckeren Braten, der sich darüber hinaus auch noch gut aufschneiden läßt. Wenn einem die Arbeit dennoch zu schwierig erscheint, bittet man den Schlachter, sie zu erledigen.

Kalbsbrust entbeinen

1 Mit einem scharfen Messer die feste äußere Haut von den Rippen in einer Lage abtrennen.

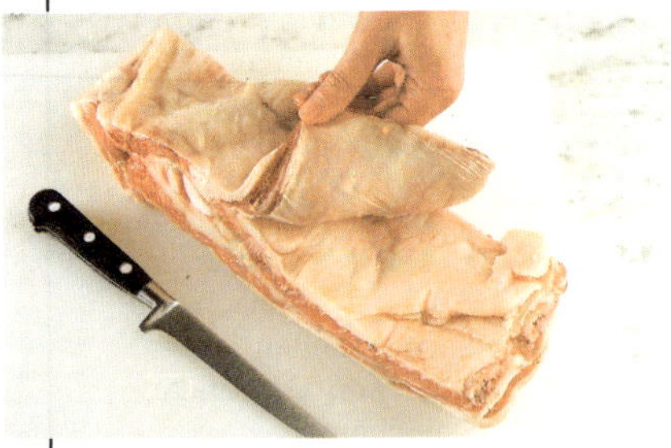

2 Das Fett, soweit gewünscht, schichtweise entfernen.

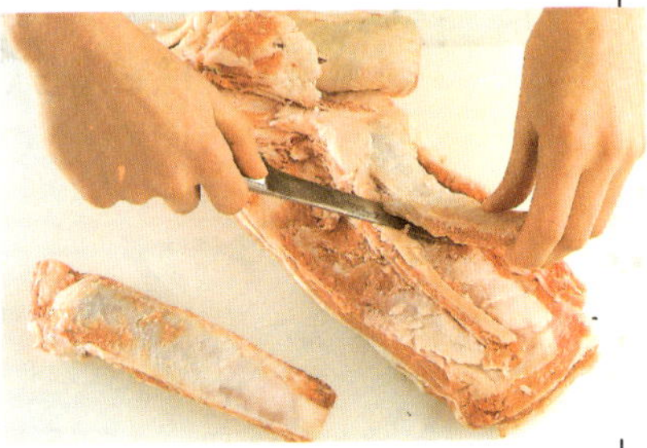

3 Mit einem kurzen Messer den Rippenknochen herausschneiden. Bindegewebe, aber möglichst wenig Fleisch, mit abtrennen.

Füllungen

Entbeinte Kalbsbrust mit einer der folgenden würzigen Füllungen bestreichen, aufrollen und mit Küchengarn fest verschnüren. Wie umseitig beschrieben braten.

☐ Sauerampfer: 1/2 feingehackte Zwiebel und 250 g Wurstbrät in wenig Butter unter Rühren anbraten. 1 EL feingehackte Petersilie hineingeben und mit 1 verquirlten Ei binden. 450 g Sauerampfer hakken und in etwas Butter dünsten, abtropfen lassen und mit dem Wurstbrät mischen. Mit Salz und Pfeffer abschmecken.

☐ Spinat: Sauerampfer durch die gleiche Menge frischen oder 250 g abgetropften Tiefkühl-Spinat ersetzen.

☐ Kräuter: Kalbsbrust mit Dijon-Senf bestreichen und reichlich frische, gehackte Kräuter auflegen. Thymian, Petersilie, Salbei und Minze passen besonders gut zum Kalbfleisch.

Braten

Kalbfleisch sollte man am besten sehr langsam braten. Es hat kein überflüssiges Fett oder Kruste, die bei großer Hitze braun und knusprig geröstet werden muß. Zum milden Geschmack des Kalbfleisches passen süße oder würzige Kräuter-, Zitronen- oder mit Fruchtgelee angereicherte Saucen. Schulter und Brust ergeben saftige Braten, Hüfte und Rücken sind die größten mageren Stücke, die eventuell bardiert werden müssen (siehe Seite 208).
Kalbsbraten sollte nicht mehr rosa, aber noch saftig gegart sein. Zu lange gebratenes Fleisch wird faserig, zäh und trocken.

Garmethoden und -zeiten

Backofen auf 170° C vorheizen. Braten wiegen und über eine Fettpfanne auf den Rost legen. Fleisch mit zerlassener Butter einpinseln oder mit ungesalzenem, ungeräuchertem Schweinespeck belegen. Kalbsbraten kann auch sehr gut in Bratfolie gegart werden. Bratzeit nach Gewicht berechnen — dicke Stücke mit Knochen oder gefüllte Rollbraten benötigen 30 Min. pro 450 g. Flache Braten wie Nacken und Brust mit 22 Min. pro 450 g kalkulieren. Vor dem Aufschneiden 15-20 Min. warm gestellt ruhen lassen. Mit Bratkartoffeln, Pastinaken, Rosenkohl und Petersilie garniert servieren. Kalbsbraten kann auch mit Wein und Tomaten oder im Römertopf gegart werden.

Bratensauce

Aus Kalbsknochen eine Brühe kochen (siehe Seite 71) und auf 150 ml einkochen lassen. 1 EL Mehl in 1 EL Butter hellbraun anbraten, mit der Brühe und 3 EL Weißwein ablöschen. Unter Rühren 5 Min. kochen lassen, ½ TL Dijon-Senf und 5 EL Sahne hineingeben und 10 Min. köcheln lassen.

Rumpsteak mit Whiskysauce

Zu diesem Gericht mit der delikaten Sahnesauce einen knackigen grünen Salat und frische Baguettes servieren.

Vorbereitungszeit: 5 Min.
Garzeit: 20 Minuten
Für 4 Personen

ZUTATEN

900 g Rumpsteak, ca. 2 cm dick
Sonnenblumenöl zum Braten
4-6 EL Whisky
150 ml Fleischbrühe oder Wasser
2 TL grüne Pfefferkörner
150 ml Crème double
Salz und schwarzer Pfeffer

1 Nach Wunsch den Fettrand abschneiden und das Fleisch in 4 Stücke teilen. Die Steaks in das heiße Öl geben und bei starker Hitze 3 Min. auf jeder Seite braten.

2 Die Steaks mit dem Whisky beträufeln, einige Minuten kochen lassen, aus der Pfanne nehmen, warmhalten.

3 Brühe oder Wasser in die Pfanne gießen, Pfefferkörner, Crème double und Gewürze dazugeben und 1 Min. unter Rühren köcheln lassen.

4 Den Fleischsaft in die Sauce geben und über den Steaks servieren.

TIP

Warum nicht einmal Steaks flambieren? Dabei verbrennt der Alkohol, läßt aber sein Aroma zurück. Entweder Whisky über die Steaks in der Pfanne löffeln, oder in einer Schöpfkelle erwärmen, anzünden und über die Steaks gießen. Bei zu hoher Hitze verdunstet der Alkohol jedoch zu schnell.

Steak „Diane“

Dieses Gericht hat seinen Ursprung in Australien. Es ist schnell zubereitet und ein Leckerbissen für Steak-Freunde.

Vorbereitungszeit: 10 Min.
Garzeit: 15 Min.
Für 4 Personen

ZUTATEN
100 g Butter
1 kleine, feingehackte Zwiebel
4 Filetsteaks à 175 g
75 g Austernpilze in Scheiben
Salz und Pfeffer
1 EL Zitronensaft
2 EL Worcestersauce
1 Prise Zucker
4 TL Brandy
2 EL feingehackte Petersilie

1 50 g Butter zergehen lassen, Zwiebel 2 Min. darin dünsten, aus der Pfanne nehmen und warm halten.

2 Die Steaks bei starker Hitze 1-2 Min. auf jeder Seite braten.

Mit neuen Kartoffeln und einem knackigen grünen Salat servieren.

Einen vollmundigen Rotwein, wie z.B. einen italienischen Barolo, zu den Steaks reichen.

3 Butter, Pilze und gedünstete Zwiebel zum Fleisch geben, gut verrühren, würzen.

4 Zitronensaft, Worcestersauce und Zucker zugeben, aufkochen lassen.

5 Brandy über das Fleisch gießen, rasch mit einem langen Streichholz anzünden und flambieren. Danach die Petersilie einrühren.

Würziger Rinderbraten

Eine Glasur aus Honig und Zitronen gibt diesem
Rinderrollbraten die richtige Würze.
Heiß das ideale Gericht für den Mittagstisch,
aber ebenso lecker kalt.

Vorbereitungszeit: 20 Min.
+ Zeit zum Einweichen
Garzeit: 2 1/2-3 Std.
Für 4 Personen

ZUTATEN

900 g gepökelter Rinderrollbraten

1 halbierte Zwiebel

2 Karotten in Scheiben

2 Lorbeerblätter

8 Nelken

Für die Glasur

100 g brauner Zucker

1 EL Honig

1 EL Senfpulver

1 TL gemahlener Zimt

1/4 TL Nelkenpulver

Saft von 1 Limone

1 Fleisch über Nacht in Wasser einweichen. Trockentupfen und mit Gemüse, Nelken und Lorbeerblättern mit Wasser bedeckt 2-2 1/2 Std. weich kochen. Im eigenen Saft abkühlen lassen.

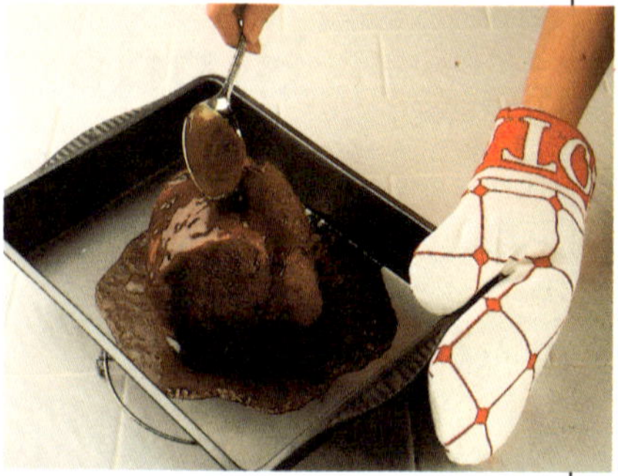

2 Ofen auf 180° C (Gas Stufe 4) vorheizen. Fleisch aus der Flüssigkeit nehmen und auf ein Backblech legen. Die Glasur anrühren, das Fleisch damit bestreichen. 30-40 Min. backen, regelmäßig bestreichen.

Mit glatter Petersilie garnieren und heiß mit jungen Karotten, neuen Kartoffeln, Zucchini und Chutney servieren oder kalt mit Kartoffel-Schnittlauch-Salat als leichtes Mittagessen.

Gekochtes, abgekühltes Fleisch in Folie wickeln und tiefgefrieren. Oder in dünnen Scheiben mit Pergamentpapier dazwischen in Folie wickeln. Etikettieren und innerhalb von 3 Monaten verwenden. Im Kühlschrank über Nacht auftauen oder etwa 3 Std. bei Zimmertemperatur.

TIP

Auf einem Backgitter im Ofen wird der Braten durch die zirkulierende heiße Luft gleichmäßig gar.

Rinderrouladen mit Senf

Herzhaftes Rindfleisch mit einer Füllung aus körnigem Senf und Champignons wird mit viel Sauce und sahnigem Kartoffelpüree serviert.

Vorbereitungszeit: 15 Min.
Garzeit: 1¼ Std.
Für 3-4 Personen

ZUTATEN

- **6-8 Scheiben Rinderroulade**
- **6-8 TL körniger Senf**
- **50 g gehackte Champignons**
- **25 g Butter**
- **1 gehackte Zwiebel**
- **2 Scheiben durchwachsener Speck**
- **2 EL Mehl**
- **800 g Tomaten aus der Dose, gehackt**
- **2 EL gehackte Petersilie**
- **1 Msp. Zucker**
- **Salz und Pfeffer**

1 Backofen auf 180° C vorheizen. Fleisch mit je 1 EL Senf bestreichen und Champignons darauf verteilen. Sorgfältig aufrollen und mit Spießchen zusammenstecken. In eine ofenfeste Form legen.

Zu diesem Gericht paßt ein kräftiger Rotwein wie Cabernet-Sauvignon.

2 Butter erhitzen, Zwiebel und Speck 2-3 Min. dünsten. Mit Mehl bestäuben und 1 Min. rühren. Tomaten hinzufügen und köcheln, bis die Sauce eindickt.

3 Durch ein Sieb passieren, mit Petersilie, Zucker, Salz und Pfeffer würzen und über das Fleisch geben. Mit Alufolie bedeckt 1 Std. im Ofen garen, Rouladen gelegentlich wenden. Vor dem Servieren die Spießchen entfernen.

Filet Stroganoff

Dieses bekannte Gericht stammt aus Rußland und wird meistens aus Rinderfilet hergestellt. Mit zartem Schweinefilet gelingt es jedoch genauso.

Vorbereitungszeit: 10 Min.
Garzeit: 15 Min.
Für 4 Personen

ZUTATEN

- **800 g Schweinefilet**
- **1 EL Öl**
- **25 g Butter**
- **2 Zwiebeln in dünnen Scheiben**
- **2 EL Branntwein**
- **250 ml Crème fraîche**
- **Salz und schwarzer Pfeffer**
- **gehackte Petersilie**
- **1 Prise Paprika**

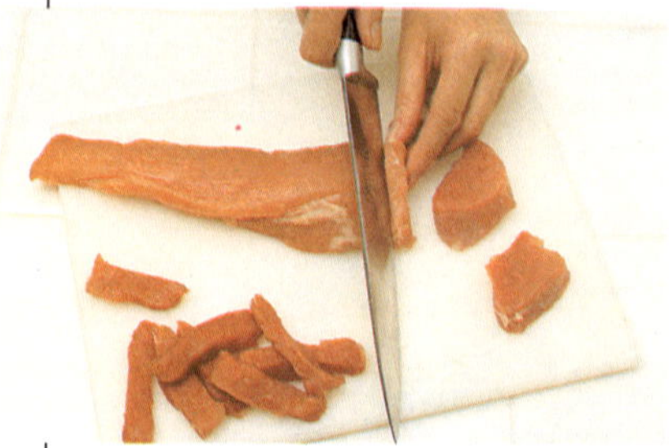

1 Das Fett vom Filet schneiden und dieses erst in 12 mm x 4 cm große Scheiben, dann in Streifen schneiden.

2 Die Hälfte des Öls und der Butter erhitzen, und die Zwiebeln bei mittlerer Hitze goldbraun braten. Auf einen Teller geben.

3 Etwas Öl und Butter in die Pfanne geben.Eine Hälfte der Fleischstreifen 3-4 Min. bei starker Hitze anbraten. Dann den Rest genauso braten.

4 Das gesamte Fleisch mit Branntwein beträufeln und 3 Min., oder bis der Alkohol verdunstet ist, köcheln. Mit Zwiebeln, Crème fraîche und Gewürzen aufkochen und mit gehackter Petersilie und Paprika dekorieren.

TIP

In Scheiben geschnittene Champignons machen das Gericht noch schmackhafter – und verlängern es auch. Die Pilze nach den Zwiebeln, aber nicht mit dem Fleisch, braten. Statt Crème fraîche kann auch Crème double, gemischt mit dem Saft 1/2 Zitrone, verwendet werden.

Das Filet Stroganoff mit Reis oder Butternudeln servieren.

Um den Geschmack dieses osteuropäischen Gerichtes zu ergänzen, einen trockenen Wein mit starker Blume, z.B. einen bulgarischen Chardonnay, dazu servieren.

Rindfleisch-Geschnetzeltes

INTERNATIONAL

Diese Mahlzeit aus zarten Rindfleischstreifen, nach chinesischer Art kurz in der Pfanne gebraten und mit Nudeln oder Reis serviert, ist schnell zubereitet.

Vorbereitungszeit: 25 Min.
Garzeit: 5 Min.
Für 4 Personen

Z U T A T E N

350 g mageres Rumpsteak

1 Orange

2½ EL Pflanzenöl

¼ TL Chilipulver

1 TL Sojasauce

1 TL brauner Zucker

½ TL Sesamöl

gekochte Nudeln zum Servieren

Für die Marinade

2 TL Sojasauce

12 mm geschälter, gehackter Ingwer

2 TL trockener Sherry

1 TL Maismehl

1 TL Sesamöl

1 Das Fleisch in 5 cm lange, bleistiftdicke Streifen schneiden.

2 Die Marinade zubereiten: das Fleisch mit Sojasauce, Ingwer, Sherry, Maismehl und Sesamöl gut vermengen und bei Zimmertemperatur 20 Min. ziehen lassen.

3 Inzwischen die Schale einer halben Orange in feine Streifen schneiden, 3 Min. in kochendem Wasser blanchieren, mit kaltem Wasser abschrecken und mit Küchenpapier trockentupfen.

4 Die restliche Orangenschale feinreiben und 4 TL Orangensaft beiseite stellen.

5 Das Fleisch aus der Marinade nehmen und in einer tiefen Pfanne oder einem Wok 1 Min. in heißem Öl braten. Das Öl abgießen.

6 Die geriebene Orangenschale, den Saft, Chilipulver, Sojasauce, den braunen Zucker und das Sesamöl dazugeben, 1 Min. braten und wenden. Auf eine Servierplatte geben, mit Orangenstreifen dekorieren und mit den Nudeln umlegen.

Schweinefilet mit Linsen

In diesem Gericht bilden die Linsen eine schmackhafte Beilage zum Schweinefilet.

Vorbereitungszeit: 5 Min.
+ Zeit zum Marinieren
Garzeit: 35 Min.
Für 4-6 Personen

Z U T A T E N

1 Schweinefilet

50 ml Öl

2 EL Weißweinessig

2 zerdrückte Knoblauchzehen

3 EL gehackter Koriander

Salz und Pfeffer

225 g grüne Linsen, über Nacht eingeweicht

600 ml Fleischbrühe

1 TL gemahlener Koriander

25 g Butter

Zum Garnieren

Korianderblätter

Tomatenscheiben

1 Das Fleisch säubern und in ca. 1 cm dicke Scheiben schneiden.

2 Öl, Essig, Knoblauch und gehackten Koriander verrühren und das Fleisch darin wenden. Pfeffern und 1 Std. bei Raumtemperatur ruhen lassen.

3 Die Linsen mit Fleischbrühe bedeckt in einen Topf geben. Gemahlenen Koriander zugeben und zugedeckt aufkochen. Bei wenig Hitze in 30 Min. weich kochen.

4 Inzwischen das Fleisch im vorgeheizten Grill von jeder Seite 5 Min. grillen.

5 Die Marinade mit Butter zu den Linsen geben. Abschmecken und auf Tellern kreisförmig anrichten. Einige Fleischscheiben darauflegen und mit Tomatenscheiben und Korianderblättern garnieren.

TIP

Zum Schweinefleisch paßt auch Orangengeschmack. Etwas Fleischbrühe durch Orangensaft ersetzen, mit blanchierter Orangenschale garnieren.

Gefüllte Schweinelende

Schweinelenden sind in ganz Skandinavien eine beliebte Speise. Die Zubereitung dieses Gerichtes ist einfach und lohnt einen Versuch.

Vorbereitungszeit: 15 Min.
+ Zeit zum Einweichen
Garzeit: 45 Min.
Für 8 Personen

ZUTATEN

350 g getrocknete Pflaumen

600 ml trockener Weißwein

1,5 kg Schweinelende ohne Knochen

Salz und Pfeffer

1 EL Öl

40 g Butter

225 g Crème double

gehackte Petersilie und Korianderzweige zum Garnieren

1 Die Pflaumen in 350 ml Wein 8 Std. einweichen, abgießen (die Flüssigkeit aufbewahren), entsteinen und kleinhacken.

2 Das Fleisch in 8 gleiche Scheiben schneiden, jede Scheibe in der Mitte einschneiden. Die Pflaumen salzen, pfeffern und in die Fleischscheiben füllen.

TIP

Besonders zartes Fleisch sollte man in etwas dickere Scheiben schneiden, da es sich dann besser füllen läßt.

3 Fleischscheiben in Öl und Butter von beiden Seiten bräunen. Einweichflüssigkeit mit Wein auf 300 ml auffüllen, angießen. Aufkochen und zugedeckt 35 Min. köcheln.

4 Das Fleisch warm stellen. Die Garflüssigkeit auf die Hälfte einkochen. Crème double zugeben und einkochen lassen. Würzen und mit dem Fleisch servieren.

Gemüse-Gratin

225 g Blumenkohlröschen und Erbsen mit ½ Eierkürbis weich garen und in eine feuerfeste Form geben. Aus 40 g Butter, 2 EL Mehl und 350 ml Milch eine Sauce kochen, vom Herd nehmen, 2 Eigelb einrühren, abschmecken und über das Gemüse gießen. Tomatenscheiben in die Ecken der Form verteilen und 50 g geriebenen Käse darüberstreuen. Übergrillen, bis der Käse goldbraun ist.

Schweinefleisch süß-sauer

Mageres Schweinefleisch, von knusprigem Teig umhüllt, wird mit einer pikanten Sauce und Reis serviert und auf chinesische Art mit Stäbchen gegessen.

Vorbereitungszeit: 25 Min.
+ Zeit zum Marinieren
Garzeit: 15 Min.
Für 4 Personen

ZUTATEN

350 g mageres Schweinefleisch
1 EL trockener Sherry
1 EL helle Sojasauce
1 Prise Salz
50 g grüne Paprikaschote
50 g rote Paprikaschote
50 g kleine, geschälte Karotten
4 Frühlingszwiebeln
75 g Wasserkastanien
Reis als Beilage
Für die Sauce
150 ml Hühnerbrühe
1 EL helle Sojasauce
1 Prise Salz
1½ EL Weißweinessig
2 EL brauner Zucker
1 EL Tomatenmark
1 TL Maismehl
½ EL Öl
Für den Teig
100 g Mehl
1 Prise Salz
2 TL Pflanzenöl
Öl zum Fritieren
2 getrennte Eier

1 Fleisch in 2,5 cm große Würfel schneiden. Mit Sherry, Sojasauce und Salz in eine Schüssel geben, umrühren und 20 Min. marinieren.

TIP

Statt des Schweinefleisches Würfel von Fisch oder Huhn verwenden.

2 Paprikaschoten, Karotten in dünne Streifen schneiden, 2 Min. kochen, abgießen, abschrecken. Frühlingszwiebeln in 2,5-cm-Stücke, Wasserkastanien in Scheiben schneiden.

3 Alle Saucenzutaten, bis auf das Öl, mischen. Öl im Wok erhitzen, das Gemüse 1 Min. unter Rühren braten. Sauce angießen, unter Rühren aufkochen und eindicken lassen.

4 Für den Teig Mehl und Salz in eine Schüssel sieben, Öl und Eigelb hineingeben und mischen. Nach und nach mit 175 ml Wasser zu einem weichen Teig verschlagen. Eiweiß steif schlagen und unter den Teig heben.

5 Öl im Wok auf 190° C erhitzen. Fleisch mit dem Schaumlöffel aus der Marinade heben, einzeln in den Teig und dann in das Öl geben. 2 Min. fritieren, zum Abtropfen auf Küchenpapier legen. Mit Sauce und Reis servieren.

Schweinerippchen

Schweinerippchen einmal ganz anders – die Orangenmarmelade verleiht dem Gericht einen einzigartigen Geschmack.

Vorbereitungszeit: 10 Min.
+ Zeit zum Marinieren
Garzeit: 45 Min.-1 Std.
Für 4 Personen

ZUTATEN

1 kg Schweinerippchen
4 EL Pflanzenöl
2 EL Sojasauce
2 EL klarer Honig
1 TL Dijonsenf
1 EL Tomatenpüree
2 EL Orangenmarmelade
1 zerdrückte Knoblauchzehe
Salz und Pfeffer

2 Den Ofen auf 200° C (Gas Stufe 6) vorheizen. Die Rippchen 45 Min.-1 Std. garen, bis sie zart sind. Zwischendurch mit Marinade bestreichen.

TIP

Zum Grillen vorbereiten: die Kohlen 30 Min. vorheizen, und auf den Bratrost Alufolie legen. Mit Öl einpinseln und die Rippchen darauflegen. Etwa 30-35 Min. garen lassen. Gelegentlich umdrehen und mit der Marinade bestreichen.

1 Die Rippchen in eine Kasserolle legen. Öl, Sojasauce, Honig, Senf, Tomatenpüree, Marmelade, Knoblauch, Salz und Pfeffer verrühren, über die Rippchen gießen und zum Marinieren bedeckt 6 Std. oder über Nacht kalt stellen.

Zu diesem sommerlichen Gericht wird am besten ein kalter Weißwein serviert.

Darauf sollten Sie achten

Die Rippchen könnten am Ende der Garzeit durch den Honig- und Zuckeranteil der Marmelade leicht anbrennen.

Kalbsschnitzel mit Rahmchampignons

Hauchdünne Schnitzel
werden in Wein geschmort und mit
grünen Bandnudeln serviert.

Vorbereitungszeit: 15 Min.
Garzeit: 25 Min.
Für 4 Personen

ZUTATEN

- 4 Kalbsschnitzel
- 25 g Butter
- 1 Zwiebel in Scheiben
- 100 g Champignons in Scheiben
- 125 ml Hühnerbrühe
- 125 ml trockener Weißwein
- 1 Bouquet garni
- 225 g grüne Tagliatelle
- 2 Eigelb
- 4 EL Sahne
- 25 g Butter
- Salz und Pfeffer
- Zitronenachtel und Petersilie zum Garnieren

1 Schnitzel zwischen Pergamentpapier hauchdünn klopfen. Butter erhitzen und Schnitzel von jeder Seite 1 Min. bräunen. Aus der Pfanne heben.

2 Zwiebeln und Pilze weich dünsten. Schnitzel und Bouquet garni auflegen, Wein und Brühe angießen. Aufkochen und zugedeckt 20 Min. köcheln.

3 Inzwischen Wasser aufsetzen und die Tagliatelle 10 Min. garen.

4 Schnitzel aus der Pfanne heben und warm stellen. Bouquet garni entfernen. Eigelb mit Sahne und etwas Kochflüssigkeit verquirlen. Abseits der Hitze in die Sauce geben und unter ständigem Rühren bei wenig Hitze einkochen lassen.

5 Nudeln abtropfen lassen, mit Butter, Salz und Pfeffer würzen und um die Schnitzel herum anrichten. Sauce über das Fleisch geben, garnieren und sofort servieren.

Zu diesem Gericht einen edlen italienischen Wein wie Frascati Superiore, Orvieto Classico oder roten Barolo servieren.

Kalbsrouladen

Kalbsrouladen: Dünngeschnittenes Fleisch mit einer Kräuter-Zitronenfüllung, mit einem Salat aus Orangen und Brunnenkresse serviert — ein wahrlich himmlisches Essen.

Vorbereitungszeit: 45 Min.
Garzeit: 1 Std.
Für 4 Personen

ZUTATEN

- **8 kleine oder 4 große Kalbsfilets**
- **1-2 EL Dijonsenf**
- **1 EL Öl**
- **15 g Butter**
- **3 dünne Scheiben durchwachsener Speck ohne Schwarte, kleingeschnitten**
- **4 gehackte Schalotten**
- **2 in Scheiben geschnittene Karotten**
- **250 ml Kalbsfond**
- **150 ml Rotwein**

Für die Füllung

- **15 g Butter**
- **4 Scheiben durchwachsener Speck, gehackt**
- **1 kleine feingehackte Zwiebel**
- **50 g Semmelbrösel**
- **2 EL gehackte Petersilie**
- **2 EL gehackter Thymian**
- **50 g Pinienkerne**
- **Saft und Schale 1/2 Zitrone**
- **Salz und schwarzer Pfeffer**

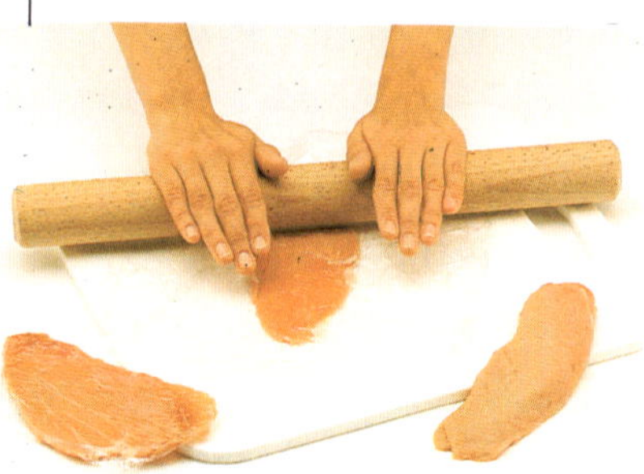

1 Für die Füllung Speck und Zwiebel in Butter anbraten, mit den restlichen Zutaten mischen. Die großen Filets teilen und zwischen Klarsichtfolie legen. Mit einem Nudelholz vorsichtig, aber trotzdem kräftig die Filets zu etwa 6 mm dünnen Scheiben ausrollen.

2 Jede Scheibe dünn mit Senf bestreichen und 1 EL Füllung darauf verteilen, zu Rouladen rollen und mit Garn zubinden.

3 Den Ofen auf 170° C, (Gas Stufe 3) vorheizen. Die Rouladen in Butter und Öl anbraten, herausnehmen und beiseite stellen. Speck, Schalotten und Karotten zufügen und 3-4 Min. braten. Kalbsfond und Rotwein einrühren und einige Minuten kochen.

4 Die Rouladen zugeben, fest verschlossen 40-45 Min. garen. Die Rouladen warm stellen, die Flüssigkeit zu einer Sauce einkochen. Abschmecken und über die Rouladen gießen.

Kalbfleisch-Ragout

Dieses Gericht schmeckt am besten, wenn es am Vortag zubereitet wurde.

Vorbereitungszeit: 10 Min.
+ Zeit zum Ziehen
Garzeit: 2¼ Std.
Für 6 Personen

ZUTATEN

3 EL Öl

900 g mageres Kalbfleisch, in Würfel geschnitten

1 große, feingehackte Zwiebel

2 zerpreßte Knoblauchzehen

2 Selleriestangen mit Blättern, feingehackt

400 g gehackte Tomaten aus der Dose

2 EL Tomatenmark

4 EL gehackte Petersilie

1 EL Sherry- oder Rotweinessig

½ TL gemahlene Mußkatnuß

Salz und Pfeffer

300 ml Rinds- oder Kalbsbrühe

225 g Perlzwiebeln

1 EL Maismehl

1 2 EL Öl in der Pfanne sehr stark erhitzen, das Fleisch in zwei Partien rundherum kräftig anbraten und in eine Kasserolle geben.

Mit Kartoffelpüree für die Sauce und grünem Gemüse servieren.

2 Das übrige Öl erhitzen und Zwiebel, Knoblauch und Sellerie 5 Min. weich schmoren. Tomaten, Tomatenmark, 3 EL Petersilie, Essig, Muskat hinzufügen, abschmecken.

3 Tomatensauce und Brühe zum Fleisch geben und umrühren. Bei geringer Hitze 1½ Std. köcheln. Abkühlen lassen und über Nacht kalt stellen.

4 Am nächsten Tag die erstarrte Fettschicht entfernen. Perlzwiebeln hineingeben und offen 30 Min. auf niedriger Hitze köcheln. Maismehl mit 2 EL Wasser vermischen und hineinrühren, 5 Min. köcheln. Mit Petersilie bestreut servieren.

Darauf sollten Sie achten

Nicht die gesamte Fleischmenge auf einmal anbraten, die Pfanne kühlt dann zu sehr ab, der Fleischsaft tritt heraus.

Lammschulter mit Walnußfüllung

Zu diesem herzhaften Gericht mit einer Füllung aus Äpfeln, Kräutern und Walnüssen paßt ein frisch gezapftes, kräftiges Bier.

Vorbereitungszeit: 40 Min.
Garzeit: 1½ Std.
+ Zeit zum Ruhen
Für 6-8 Personen

ZUTATEN

etwa 2 kg Lammschulter ohne Knochen
Salz und Pfeffer
Öl zum Einpinseln
Für die Füllung
15 g Butter
1 kleine, gehackte Zwiebel
50 g Semmelbrösel
1 TL gehackter Thymian
1 EL gehackte Petersilie
2 kleine, gewürfelte Äpfel
225 g gehackte Walnüsse
Salz und Pfeffer
2-3 EL Zitronensaft
Für die Sauce
1 EL Mehl
450 ml Lammbrühe

1 Backofen auf 190° C vorheizen. Für die Füllung die Zwiebel in Butter weich schmoren. Mit Semmelbröseln, Kräutern, Äpfeln und Walnüssen mischen, würzen und Zitronensaft unterrühren.

2 Lammschulter von überflüssigem Fett befreien. Füllung gleichmäßig auf dem Fleisch verteilen. Aufrollen und sorgfältig mit Küchengarn verschnüren. Braten wiegen und mit Öl einpinseln. Bratzeit mit 20 Min. pro 500 g plus 15 Min. berechnen.

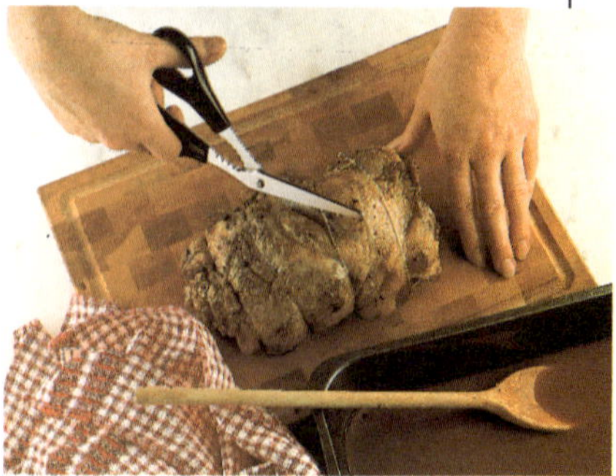

3 Nach Ende der Bratzeit Garn entfernen, und Braten an einem warmen Ort 10-15 Min. ruhen lassen. Inzwischen die Sauce zubereiten. Fett abschöpfen, und Mehl in den Bratensaft rühren. Brühe angießen und unter Rühren aufkochen.

TIP

Ebenso delikat ist eine Füllung aus 50 g Bröseln, 1 TL gehacktem Rosmarin, 2 gewürfelten Pfirsichen, Salz und Pfeffer. Mit ½ Ei binden.

Lammbraten mit Kräuterkruste

Frische Kräuter sind das A und O bei diesem Gericht. Die Kruste sieht köstlich aus, und der Geschmack ist unverwechselbar und wirklich delikat.

Vorbereitungszeit: 20 Min.
+ Zeit zum Abkühlen
Garzeit: $\frac{3}{4}$ - 1 Std.
Für 2-3 Personen

ZUTATEN

1 Lammrücken mit 6 Knochen

Minzezweige zum Garnieren

Für die Kruste

6 EL Semmelbrösel

$1\frac{1}{2}$ EL gehackter Estragon

$1\frac{1}{2}$ EL gehackte Petersilie

$1\frac{1}{2}$ EL gehackter Kerbel

$1\frac{1}{2}$ EL gehackter Schnittlauch

2 EL zerlassene Butter

$1\frac{1}{2}$ EL Dijon-Senf

1 EL Zitronensaft

Salz und Pfeffer

Für das Gelee

2 EL Apfelgelee

1 TL Senfpulver

1 TL gehackter Estragon

1 TL gehackte Petersilie

1 TL gehackter Kerbel

1 TL gehackter Schnittlauch

1 Als erstes das Gelee zubereiten. Dafür alle Zutaten zusammen erhitzen, gut verrühren und in einer kleinen Schale abkühlen und fest werden lassen.

2 Den Ofen auf 200° C (Gas Stufe 6) vorheizen. Vom Braten die Schwarte entfernen, die Knochenenden freilegen. Pro 450 g etwa 24 Min. Garzeit berechnen.

3 Semmelbrösel, Kräuter, Butter, Senf und Zitronensaft vermischen. Etwas Salz und viel schwarzen Pfeffer zugeben und auf die Fettseite des Bratens streichen, fest andrücken. Mit der Kräuterseite nach oben auf ein Bratblech legen.

4 Während des Bratens locker mit Folie abdecken, falls die Kruste zu schnell bräunt.

TIP

Statt des Apfelgelees kann man auch gekauftes Minzgelee zu diesem Braten reichen.

Lamm-Geschnetzeltes

Dieses Lamm-Gericht wird leicht zum Lieblingsessen. Die Sauce aus Gemüsepüree und Crème fraîche paßt gut zu Reis.

Vorbereitungszeit: 10 Min.
Garzeit: 1 Std. 50 Min.
Für 4 Personen

ZUTATEN

- 1 EL Öl
- 450 g mageres Lammfleisch in Würfeln
- 3 Karotten in Scheiben
- 1 kleine Zwiebel in Scheiben
- 2 Stangen Lauch in Ringen
- 3 Stangen Sellerie in Scheiben
- 300 ml Fleischbrühe
- 1 TL gehackte Petersilie
- 1 TL Selleriegewürz
- gemahlener weißer Pfeffer
- Saft von 1 Zitrone
- 150 ml Crème fraîche
- Langkornreis als Beilage

1 Den Ofen auf 170° C (Gas Stufe 3) vorheizen. Die Lammwürfel in sehr heißem Fett in einer beschichteten Pfanne 2 Min. unter Rühren bräunen.

TIP

Gemüse mit einem Schaumlöffel aus der Kasserolle heben.

Statt Reis gekochte Muschelnudeln zum Lamm-Geschnetzelten servieren.

2 Das Fleisch in eine Kasserolle geben, die Karotten in die Pfanne. Sehr heiß 4 Min. garen, dann das restliche Gemüse zugeben. Weitere 3-4 Min. garen und in die Kasserolle geben.

3 Heiße Brühe angießen, mit Petersilie, Selleriegewürz und Pfeffer würzen, zugedeckt 1½ Std. im Ofen garen.

4 Die Garflüssigkeit abgießen, abgekühlt in einen Mixer geben. Die Hälfte des Gemüses, Zitronensaft und Crème fraîche zugeben, pürieren und über Fleisch und restliches Gemüse gießen. Mit Reis servieren.

Irish-Stew

Traditionsgemäß wird das echte Irish-Stew mit Hammelfleisch gekocht. Es gelingt auch mit Lamm, doch sollte man nichts zufügen, was nicht im Rezept steht!

Vorbereitungszeit: 10 Min.
Garzeit: 1½-2 Std.
Für 4 Personen

ZUTATEN

700 g Lammfleisch aus Hals oder Keule ohne Knochen
Salz und Pfeffer
2 große, geschälte Zwiebeln in Scheiben
900 g ungeschälte Kartoffeln in Scheiben
1 EL gehackter Thymian
2 EL gehackte Petersilie

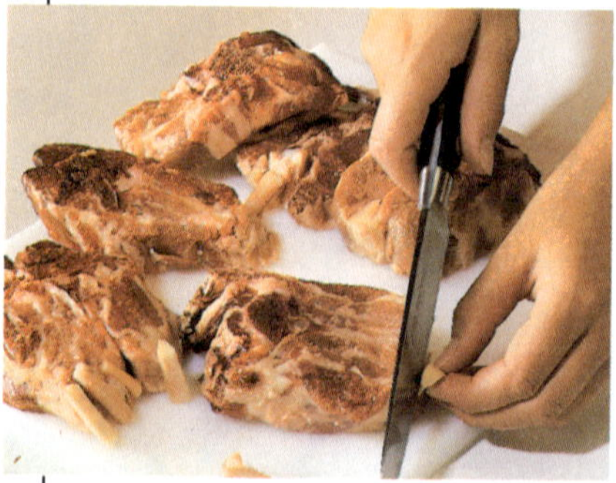

1 Das Lammfleisch ohne Fett in 5 cm große Würfel schneiden. In Salz und Pfeffer wenden, und eine Fleischschicht in einen schweren Topf geben.

2 Zwiebeln und Kartoffeln abwechselnd mit dem Fleisch schichten, mit Kartoffeln abschließen. Thymian und 1 EL Petersilie darüberstreuen, mit Wasser bedecken.

3 Zugedeckt aufkochen. Bei schwacher Hitze 1½-2 Std. köcheln lassen, bis Fleisch und Gemüse zart sind. Dabei den Topf ab und zu etwas schütteln, damit es nicht anbrennt.

4 Stew in eine Schüssel füllen, mit restlicher gehackter Petersilie bestreuen.

TIP

Man kann das Irish-Stew auch in einer feuerfesten Auflaufform langsam im Ofen bei 180° C 2 Std. garen und direkt aus der Auflaufform servieren.

Gegrillte Lammkebabs

Diese Kebabs enthalten eine Überraschung — in würzigem Lammfleisch ist Fetakäse verborgen.

Vorbereitungszeit: 30 Min.
+ Zeit zum Einweichen
Garzeit: 25 Min.
Für 4 Personen

ZUTATEN

50 g Basmati-Reis

450 g durchgedrehtes Lammfleisch

1 große, geriebene Zwiebel

je 1 EL gehackter Dill, Koriander, Schnittlauch und Petersilie

1/2 TL Knoblauchpulver

1 TL gemahlener Kurkuma

Salz und Pfeffer

2 EL Rosinen

1 verquirltes Ei

100 g gewürfelter Fetakäse

Zum Garnieren

Frühlingszwiebeln in Streifen

Koriander

1 Den Reis gut waschen, in heißem Wasser 30 Min. einweichen. Mit kaltem Wasser bedeckt zum Kochen bringen und zugedeckt 10-12 Min. köcheln lassen.

2 Den abgetropften Reis zum Fleisch geben. Mit Zwiebel, Kräutern, Gewürzen, Rosinen und Ei vermischt zu einer Kugel formen.

3 Die Fleischmischung in 16 gleiche Teile aufteilen. Mit je 1 Würfel Fetakäse in der Mitte 16 ovale Klöße formen.

4 Je 4 Klöße aufspießen und 5 Min. grillen. Umdrehen und in weiteren 5 Min. goldbraun grillen. Mit Frühlingszwiebeln und Koriander garniert servieren.

TIP

Zu den Kebabs Tsatsiki servieren: Joghurt, gehackte Gurken und gehackte Minze mit Zitronensaft, zerdrücktem Knoblauch, Salz und Pfeffer verrühren.

Auf Reis mit Ananasstückchen und Curry servieren.

Geflügel und Wild

Hähnchen

Auswahl des Geflügels

Hähnchen werden jung und zart angeboten. Seltener junge Suppenhühner, deren Geschmack zwar herzhafter, deren Fleisch aber zäher ist. Frische Hähnchen sind noch schmackhafter als tiefgefrorene. Am besten schmecken mit Mais gefütterte Hähnchen, die eine gelbliche Haut haben. Generell sollte jedes junge Geflügel stets eine zarte weiche Haut haben und weder Federreste noch braune Stellen aufweisen.

Darauf sollten Sie achten

Um eine Salmonellenvergiftung zu verhindern ist es wichtig, bei tiefgefrorenem Geflügel die Anweisung auf der Verpackung genau zu befolgen. Niemals Geflügel in der Verpackung auftauen lassen. Das vollkommen aufgetaute Geflügel, oder auch frisches, muß sorgfältig gewaschen werden. Damit sich Bakterien nicht vermehren können, müssen alle verwendeten Geräte und auch die Hände gründlich gesäubert werden. Das vorbereitete Geflügel bewahrt man am besten im Kühlschrank auf, wenn es nicht sofort gegart wird.

Geflügel ist gesund

Hähnchen sind vorzügliche Eiweißlieferanten und relativ fettarm. Die fetthaltige Haut kann vor dem Braten entfernt werden. Die krosse Haut ist jedoch schmackhaft und hält das Fleisch saftiger.

Füllen

1 Die Füllung muß abgekühlt sein. Enthält sie Reis oder Getreide, verwendet man eine geringere Menge.

2 Mit einem Löffel nicht zuviel Masse in das Geflügel geben. Eine zu große Füllmenge verlängert die Garzeit und trocknet das Brustfleisch aus.

Darauf sollten Sie achten

Bei einer Fleischfüllung verlängert sich die Bratzeit um eine halbe Stunde.

Dressieren

Beim Braten von dressiertem Geflügel ist darauf zu achten, daß sich die Garzeiten verlängern. Das Hähnchen muß daher häufig begossen werden, damit das Brustfleisch nicht austrocknet. Am besten brät man dressiertes Geflügel die erste Zeit abgedeckt und entfernt die Abdeckung nur zum Bräunen der Haut. Wie der Faden zum Dressieren gebunden wird, ist aus den untenstehenden Bildern zu ersehen.

1 Den Faden um den Bürzel legen, die Fadenenden kreuzen, die Keulen umschlingen und alles festziehen.

2 Das Hähnchen umdrehen, eine Schlinge um einen Flügel legen. Den Faden um die gefaltete Halsöffnung legen und den zweiten Flügel befestigen.

Zerlegen von Hähnchen

1. Unterkeule (Unterschenkel) **2.** Brust **3.** Flügel **4.** Oberkeule

1 Mit einem Messer durch das Fleisch bis zum Knochen stechen und am Rückgrat entlangschneiden. Dort, wo der Oberschenkel mit dem Rückgrat verbunden ist, auf beiden Seiten die „Auster“ umschneiden, um die Schenkel abzutrennen.

2 Das Hähnchen wieder umdrehen, und die Beine vom Rumpf lösen. Dafür großzügig und nahe am Rumpf entlangschneiden. Jetzt das Bein lösen und drehen, bis der Schenkelknochen offen liegt. Beide Schenkel vom Rumpf schneiden.

3 Jetzt zum Brustfleisch: Das Fleisch an beiden Seiten des Brustbeines etwas lösen. Am besten werden die kleinen Knochen mit einer Schere durchschnitten. Danach den Brustknochen entfernen.

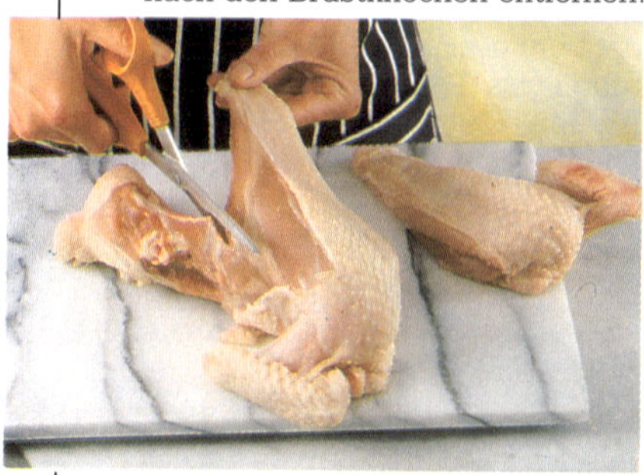

4 Das Geflügel öffnen. Mit einer Geflügelschere, beginnend am Bürzel bis durch den Flügelknochen am Halsende, Brustfleisch und Flügel vom Rumpf schneiden.

5 Den Flügel so abschneiden, daß etwa ein Drittel am Brustteil belassen wird. Die fast fleischlosen Flügelspitzen, die ebenso wie der restliche Rumpf zum Kochen verwendet werden können, entfernen.

6 Ober- und Unterschenkel an den Gelenken trennen. Dazu werden sie herumgedreht und die Sehnen durchgeschnitten. Die Enden an den Unterschenkeln mit einem Hackmesser oder mit der Rückseite eines schweren Messers abhacken.

Schnelle Zubereitung für ein Grillhähnchen

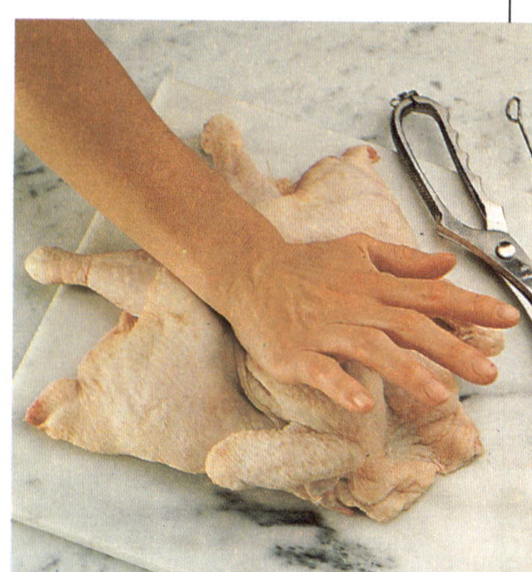

Ein kleines Hähnchen schneidet man am besten mit einer Geflügelschere an beiden Seiten des Rückgrats ein, öffnet den Rumpf so weit wie möglich und drückt kräftig mit der Handfläche die Knochen flach. Einen Grillspieß zuerst durch einen Schenkel, dann durch beide Brusthälften und zuletzt durch den zweiten Schenkel einführen.

Braten

Ein Brathähnchen ergibt immer ein sehr beliebtes Essen. Es garantiert köstlich zartes Fleisch und knusprige Haut. Ein Hähnchen wird mit Butter, Öl, zur Abwechslung Walnuß- oder Sesamöl, bestrichen oder auch mit Schinkenspeck belegt. In eine Fettpfanne legen und in den vorgeheizten Backofen schieben. Um es mit französischer delikater Sauce zuzubereiten, gießt man je ein Glas Weißwein und Brühe in die Fettpfanne.

TIP

Hat man nicht die Zeit, ein Hähnchen ständig zu begießen, kann man ein weißes abgekochtes, in geschmolzene Butter getauchtes Baumwolltuch darüberlegen. Das Tuch schützt das Hähnchen vor dem Austrocknen.

Backofentemperatur

E.-Herd 200-225, G.-Herd 3-4

Bratzeit:

Kleine Größe	
1-1,5 kg,	ca. 60-70 Min.
Mittlere Größe	
1,5-2 kg,	ca. 70-90 Min.
Große Größe	
2-2,5 kg,	ca. 90-120 Min.

Sauce

Das Hähnchen warm stellen. Beliebig viel Fett abschöpfen und in der Bratflüssigkeit 1-2 TL Mehl verrühren, bis die Schwitze goldbraun ist. Mit 200 ml Brühe ablöschen und die Sauce aufkochen.

Gewürze

- 2 Zweige Estragon unter die Brusthaut des Hähnchens schieben oder Knoblauchbutter darunterstreichen. In das Innere des Hähnchens Orangenscheiben geben und mit in Honig verrührtem Orangensaft bestreichen.
- Durchwachsenen Speck ohne Ränder über das Brustfleisch des Hähnchens legen. Nach der Hälfte der Garzeit herunternehmen, und das Brustfleisch bräunen lassen. Den Speck mit dem Hähnchen servieren.

Tranchieren leicht gemacht

Keiner kann mit stumpfen Messern tranchieren. Sie sind unbrauchbar, weil man zuviel Kraft zum Schneiden braucht. Mit einem scharfen Messer lassen sich hauchdünne Scheiben schneiden. Für kleines, zartes Geflügel benötigt man kein Tranchiermesser, dafür reicht ein größeres Küchenmesser. Nachdem Keule, Flügel und Brustfleisch auf der einen Seite gelöst sind, wird das Hähnchen umgedreht, und man verfährt folgendermaßen:

1 Das Geflügel mit einer Tranchiergabel halten. Zwischen Schenkel und Brust in das Fleisch schneiden, den Schenkel nach außen biegen und abschneiden.

2 Zwischen Brust und Flügel durchschneiden, den Flügel am Gelenk abtrennen.

3 Nun die Brust tranchieren. Mit Hilfe der Breitseite des Messers und der Gabelrückseite die Scheiben abheben, um sie zu servieren. Beim Aufspießen würden sie auseinanderfallen.

Messer schärfen

1. Beginnen, indem man die Griffe aneinanderhält und die Schneide mit dem Messerschärfer einen Winkel von etwa 45° bildet, also weder zu flach noch zu spitz.

2. Die Griffe auseinanderziehen, so daß Schneide und Messerschärfer aneinander entlang laufen.

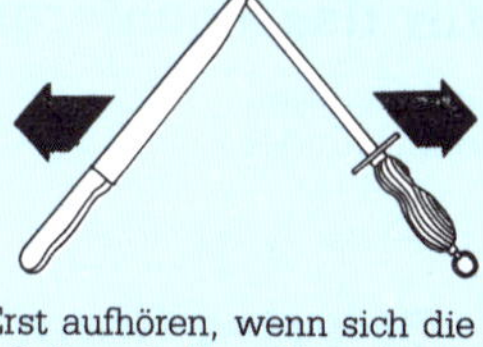

3. Erst aufhören, wenn sich die beiden Spitzen treffen. Um auch die andere Seite der Schneide zu schärfen, wird das Messer hinter den Messerschärfer gehalten.

Pochieren

Um ein vorbereitetes Hähnchen zu pochieren, legt man es in einen Suppentopf, bedeckt es mit kaltem Wasser und fügt Salz hinzu. Alles zum Kochen bringen und bei gleichmäßiger Hitze weiterkochen, bis es gar ist. Das Gericht wird durch die Zugabe von Möhren und Zwiebelstückchen, Instantbrühe und einem Kräutersäckchen schmackhafter.

Abkühlung

Um das Geflügel möglichst schnell abzukühlen, stellt man den Topf in eine Schüssel mit kaltem Wasser, das man oft erneuert. Niedrige Temperaturen verhindern ein Ausbreiten von Bakterien.

Zeitplan für das Pochieren

Junges Geflügel	1-1 1/2 Std.
Älteres Geflügel	2 1/2-3 Std.

Bouquet Garni

Dazu gehören ein Lorbeerblatt, je ein Zweig Petersilie und Thymian, 6 schwarze Pfefferkörner.

TIP

Für das Bouquet Garni kann man die Kräuter in ein Baumwolltuch oder zwischen zwei Bleichselleriestangen binden.

Hühnerbrühe

Vorbereitungszeit: 5 Min.
Garzeit: 3 Stunden
Ergibt: 900 ml Brühe

ZUTATEN

- **2 kleingeschnittene Zwiebeln**
- **2 kleingeschnittene Möhren**
- **1 kleingeschnittene Porreestange**
- **1 Handvoll Petersilienblätter**
- **1 Lorbeerblatt, 6 Pfefferkörner**
- **2 frische Geflügelrümpfe**
- **1 Kalbsknochen, Salz**

1 Alle Zutaten in einen großen Topf geben. 1 1/4 l kaltes Wasser darübergießen und langsam zum Kochen bringen. Alles 3 Std. simmern lassen. Ab und zu Fett und Schaum abschöpfen.

2 Danach durchseihen, erkalten lassen und das Fett abheben. Die Brühe einfrieren oder bis auf 300 ml einkochen lassen. Konzentrierte Brühe hält sich 10 Tage.

Innereien

Beim gekauften Geflügel sollten immer die Innereien dabei sein. Herz, Magen und Hals werden für die Brühe und die Leber für Pasteten verwendet.

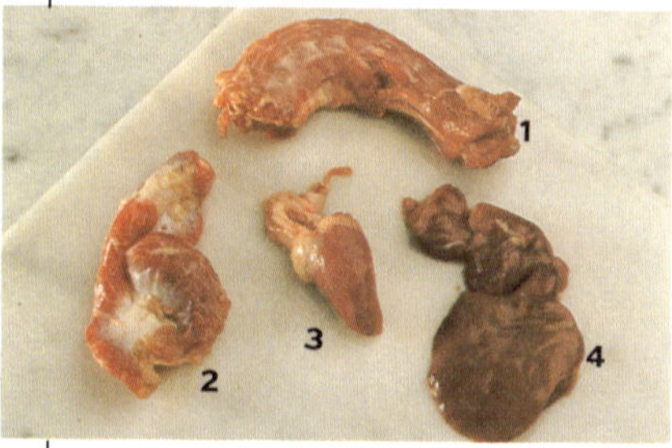

1. Hals — entweder wird er für die Brühe verwendet, oder man gibt ihn in die Fettpfanne zum Hähnchen. Er verbessert den Saucenfond.

2. Magen — enthält Vitamin B. Gut gereinigt kommt er in die Brühe.

3. Herz — enthält Vitamin B und ist sehr eiweißreich.

4. Leber — ist reich an Vitamin B, Eisen, Jod und Protein. Schmeckt köstlich, in heißer Butter geschwenkt, auf Toast serviert.

Sauce aus Innereien

Vorbereitungszeit: 10 Min.
Garzeit: 70 Min.
Ergibt: 900 ml Sauce

ZUTATEN

- **Geflügelinnereien**
- **600 ml Hühnerbrühe**
- **1 geschälte gehackte Zwiebel**
- **1 Bouquet Garni**
- **1 geschnittene Möhre**
- **1 kleingeschn. Selleriestange**
- **15 g Butter, 1 TL Speisestärke**

1 Die Innereien in der Brühe mit dem Bouquet Garni und dem Gemüse aufkochen, 60 Minuten simmern lassen.

2 Die Brühe durchseihen, Herz, Magen und Leber in Scheiben schneiden und in heißer Butter schwenken.

3 Den Bratensaft vom Hähnchen in die Brühe gießen, alles aufkochen und die Sauce mit in Wasser verrührter Speisestärke binden. Zuletzt die kleingeschnittenen Innereien in die Sauce geben.

Wildbret

Frisches Wildbret ist heute nicht mehr nur Jägern vorbehalten. Die meisten Wildarten werden gezüchtet. Die Tiere sind dann küchenfertig in Wildfachgeschäften erhältlich. Aber auch durch die Einfuhr bereits tiefgefrorenen Wildbrets aus anderen europäischen Ländern kann man besonders Hasen- und Wildentenbraten in fast jedem Kaufhaus bekommen.

Einkaufstips
Wichtig beim Kauf frischen Wildbrets ist es, gut abgehangenes Fleisch junger Tiere zu erhalten — 1 Tag für kleine Wachteln, 1 Woche für Wildbraten. Es entwickelt sich ein besonderer Geruch (der Hautgout), der von einigen Wildliebhabern geschätzt, von anderen aber als unangenehm empfunden wird. Bei längerem Abhängen oder älterem Fleisch wird der Geruch intensiver, kann aber durch Beizen oder Marinieren gemildert werden.

Aufbewahren
Wildbret wie frisches Fleisch behandeln — gut abwaschen und, falls es nicht gleich verarbeitet wird, mit einer lockeren Folie bedeckt 1-2 Tage im Kühlschrank aufbewahren.

Wildgeflügel

Vögel im Federkleid rupfen, ausnehmen und abhängen. Bei kleinen Vögeln nur das Brustfleisch und evtl. die Keulen herausschneiden.

Zubereitung

Den Vogel auf den Rücken legen, vom Bauch bis zur Brust aufschneiden, den Einschnitt so klein wie möglich halten. Mit der Hand, bedeckt mit Küchenpapier, in den Vogel greifen, die Innereien herausziehen, gut ausspülen und mit einem Tuch trocknen.

Den Kopf mit einem scharfen Messer abschneiden, den Vogel auf die Brust legen. Den Hals bis zum Rumpf aufschlitzen, die Haut herunterziehen und den Hals so nahe wie möglich am Rumpf abschneiden. Die Füße zum Braten nicht abschneiden.

Rupfen

Am Kopf angefangen den Vogel rupfen, die Federn in Richtung des Wachsens herausziehen. Zähe Vögel können auch vom Schwanzende her gerupft werden.

Absengen
Die Federstoppeln über einer Flamme absengen.

Dressieren
Keulen und Bürzel mit Garn festbinden.

Bardieren
Speckscheiben auf der Vogelbrust festbinden.

Braten
Die folgenden Zeiten gelten für rotes Fleisch und für Fasane und Perlhühner, die rosa gegart sind. 25% mehr Garzeit für medium- bis durchgebratene Vögel rechnen. Bei 200° C garen.

Garzeiten

Wachtel:	15 Min.
Schnepfe:	15 Min.
Waldschnepfe:	20 Min.
Taube:	25 Min.
Kleine Ente (Krickente):	30 Min.
Große Ente (Stockente):	1 Std.
Rebhuhn:	25 Min.
Fasan:	1 Std.
Perlhuhn:	45 Min.

Wildkaninchen und Hase

Hasen haben dunkles Fleisch und einen angenehmen Wildgeschmack. Das Fleisch wird durch Marinieren milder und zarter. Der Geschmack von Kaninchen ähnelt dem eines Huhns. Junge Tiere brauchen vor der Zubereitung nicht mariniert zu werden. Ein Tier reicht für 4 Personen.

Wildkaninchen oder Hasen ausweiden

Das Ausweiden ist bei Hasen nach dem Abhängen und bei Kaninchen sofort erforderlich. Den Bauch der Länge nach aufschlitzen, die Innereien herausnehmen und innen mit einem feuchten Tuch ausreiben.

Abziehen

Den Kopf und den Schwanz abschneiden und die Haut wie eine Weste abziehen.

Darauf sollten Sie achten

Bei Wildkaninchen und Hasen immer die Leber untersuchen — ist sie verfärbt oder fleckig, das Tier nicht verarbeiten.

Wildkaninchen oder Hase zerlegen

Beide Tiere gibt es zerteilt zu kaufen. Sie selbst zu zerteilen, bereitet jedoch auch keine Schwierigkeit.

1 Das Tier auf ein Arbeitsbrett legen. Mit einem scharfen Messer den Kopf abschneiden.

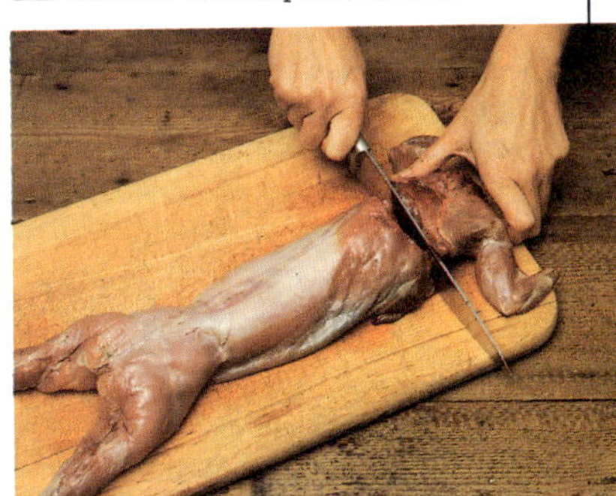

2 Die Vorderbeine hinter den Schultern durchschneiden, halbieren.

TIP

Wildkaninchen wie Hasen zerlegen. Beide können bis zu 3 Monaten tiefgefroren aufbewahrt werden. Papier zwischen die einzelnen Stücke legen und nach Bedarf auftauen.

3 Das Kaninchen in der Rückenmitte durchschneiden.

4 Dann die Hinterbeine abschneiden, indem man mit dem Handballen fest auf den Messerrücken drückt. Die Hinterbeine auseinanderschneiden.

5 Auf diese Weise wird das Kaninchen in 6 fast gleich große Teile zerlegt. Für Pasteten oder Kasserollen den Hasen in kleinere Stücke teilen.

TIP

Hasen können geschmacklich zu streng sein und sollten evtl. über Nacht in saurer Sahne und Milch eingelegt werden.

Gebackenes Wildkaninchen

Vorbereitungszeit: 15 Min.
+ Zeit zum Marinieren
Garzeit: 1 Std.
Für 4-6 Personen

ZUTATEN

4 EL Dijon-Senf
1 EL Sojasauce
1 TL zerdrückte Koriandersamen
1,5 kg zerlegtes Wildkaninchen
2 gewürfelte Scheiben durchwachsener Speck
1 Zwiebel in Scheiben
1 EL Öl
4 EL gewürzte Semmelbrösel
25 g zerlassene Butter

1 Den Ofen auf 180° C vorheizen. Senf, Sojasauce und Koriander mischen, das Kaninchen damit bestreichen. 2 Std. kalt stellen. Speck und Zwiebel glasig braten, in eine Kasserolle geben.

2 Die Kaninchenstücke in den Semmelbröseln panieren.

3 Die Fleischstücke auf den Speck und die Zwiebeln legen, mit zerlassener Butter beträufeln. Bedeckt 1 Std. backen. Nach 40 Min. den Deckel entfernen und anbräunen lassen.

Reh- und Rotwild

Das Fleisch junger Tiere ist fettarm, saftig und so zart, daß es in kurzer Zeit zubereitet werden kann. Den Braten gut bardieren. Älteres Wildbret vor der Verwendung beizen oder marinieren.

Braten
(Fleisch von jungen Tieren)
Rücken-, Keulen- oder Schulterstücke verwenden.

Kleine Teile
Koteletts, Steaks, Filets oder Keulenstücke marinieren und kurz braten.

Schmorbraten
Gut abgehangene, marinierte Rükken- oder Keulenstücke von älteren Tieren eignen sich am besten zum

Schmoren. Kurz anbraten und lange schmoren lassen. Die Marinade als Flüssigkeit zugeben.

Kasserolle
Kasserollen, aus älteren Tieren zubereitet, schmecken köstlich. Fleisch jedoch gut abhängen und marinieren.

Marinade
2 Zwiebelscheiben, 150 ml Olivenöl, 150 ml Rotwein, 1 EL Zucker, 1 TL Senfkörner und 1 zerkrümeltes Lorbeerblatt gut vermischt über das Fleisch gießen, zugedeckt ca. 24 Std. bis 3 Tage kalt stellen. Ab und zu wenden.

Bardieren
Das Fleisch mit Speckscheiben umwickeln und festschnüren.

Spicken
Mit Hilfe einer Spicknadel dünne Fettstreifen in regelmäßigen Abständen durch das Fleisch ziehen.

Rehbraten mit Sahnesauce

Vorbereitungszeit: 15 Min.
+ Zeit zum Marinieren
Garzeit: 30-50 Min.
Für 8 Personen

ZUTATEN

- 150 ml Olivenöl
- Saft von 1 Zitrone
- 1 Zwiebel in Scheiben
- 150 ml Weinessig
- 1,5 kg Rehrücken ohne Haut
- 1 TL zerdrückte Wacholderbeeren
- 1 TL Salz
- geriebene Schale von 1 Zitrone
- 100 g fetter Speck in Scheiben
- 1 gehäufter TL Mehl
- 150 ml Sahne
- 150 ml saure Sahne
- gemahlener Pfeffer

TIP

Den Braten nicht zu lange garen lassen, sonst wird er zäh. Durch Marinieren wird das Fleisch zart, durch Bardieren bleibt es saftig.

1 Den Ofen auf 180° C vorheizen. Das Fleisch in Olivenöl, Zitronensaft, Zwiebel und Essig über Nacht ziehen lassen.

2 Das Fleisch mit Wacholderbeeren, Salz und geriebener Zitronenschale bestreuen.

3 Den Braten bardieren, in eine Bratform geben, mit der Marinade begießen und 35-50 Min. braten. Den Braten hin und wieder begießen. 15 Min. vor Garzeitende den Speck entfernen.

4 Den Braten warm halten. Fond mit Mehl verrühren. Saure Sahne und Sahne zugeben, würzen und unter ständigem Rühren kurz aufkochen.

Karotten, Rüben und Kartoffeln mit Brunnenkresse garniert servieren.

Gefülltes Hähnchenfilet

Beim Schneiden entdeckt man eine schmackhafte Spinatfüllung. Mit Salat und gekühltem Weißwein servieren.

Vorbereitungszeit: 20 Min.
+ Zeit zum Kühlen
Garzeit: 15 Min.
Für 4 Personen

ZUTATEN

4 Hähnchenfilets ohne Haut

100 g Semmelbrösel

1 verquirltes Ei

Öl zum Fritieren

Zitronenscheiben zum Garnieren

Für die Füllung

100 g gehackter Spinat

150 ml kalte Béchamelsauce (siehe Seite 80)

4 EL griebener Parmesan

1 TL Dijon-Senf

4 EL gehackter Petersilie

geriebene Schale 1/2 Zitrone

Salz und Pfeffer

1 Das Fleisch auf einer Arbeitsfläche mit einem scharfen Messer waagerecht auf-, aber nicht durchschneiden. Aufgeklappt beiseite legen.

2 Für die Füllung den gut abgetrockneten Spinat mit den anderen Zutaten zur Béchamelsauce geben, nachwürzen.

3 Die Semmelbrösel auf einem Backblech verteilen. Jedes Fleischstück durch das Ei ziehen und eine Seite panieren. Auf die andere 1-2 EL Spinatfüllung geben, 1 cm Rand frei lassen.

4 Das Fleisch zusammenfalten, die Ränder gut zusammendrücken und mit Semmelbröseln panieren. 30 Min. kalt stellen.

5 Das Öl auf 180° C erhitzen, das Fleisch auf jeder Seite 3 Min. fritieren, auf Küchenpapier abtropfen lassen. Bei wenig Hitze im Ofen warm halten, bis das restliche Fleisch fritiert ist.

Rustikaler Hähnchentopf

Dieses Gericht reicht für viele Gäste – einfach die Rezeptmengen verdoppeln oder verdreifachen.

Vorbereitungszeit: 15 Min.
Garzeit: 1 Std., 10 Min.
Für 4-6 Personen

ZUTATEN

10 Hähnchenschenkel
2 EL gewürztes Mehl
2 EL Öl
1 Zwiebel in Scheiben
4 Selleriestangen in Scheiben
225 g geschälte, gewürfelte Kartoffeln
350 g geviertelte Tomaten
2 TL gehackte Petersilie
2 TL gehackter Thymian
300 ml Hühnerbrühe
Salz und Pfeffer
2 TL Maismehl

1 Den Ofen auf 180° C (Gas Stufe 4) vorheizen. Das Fleisch in Mehl wenden und gut abschütteln. Die Zwiebeln 2-3 Min. in heißem Öl braten und in eine Kasserolle geben. Die Hähnchenschenkel in heißem Öl von beiden Seiten anbraten und auf die Zwiebeln legen.

2 Sellerie, Kartoffelwürfel, Petersilie und Thymian über das Hähnchen geben.

3 Die Hühnerbrühe angießen, würzen und bedeckt 45 Min. backen. Aus dem Backofen nehmen. Das Maismehl mit etwas Wasser verrührt unterrühren und zugedeckt weitere 10-15 Min. garen.

Mit wildem Reis, Langkornreis und Pinienkernen servieren und Sellerieblättern garnieren.

Putenbrust mit Spargel

Putenfleisch ist das ganze Jahr über frisch oder tiefgefroren erhältlich. Hier wird es gebraten und mit Spargelsauce und Broccoli serviert.

Vorbereitungszeit: 15 Min.
Garzeit: 30 Min.
Für 4 Personen

ZUTATEN

225 g grüner Spargel
50 g Butter
4 Scheiben Putenbrust ohne Haut
1 gehackte Zwiebel
50 g Champignons in Scheiben
300 ml Hühnerbrühe
1 TL Pesto (Knoblauch-Basilikum-Sauce)
Salz und Pfeffer
4 EL Sahne
Spargelspitzen zum Garnieren

1 Spargel halbieren. Butter in der Pfanne erhitzen und Putenbrust rundherum goldbraun anbraten. Herausnehmen und warm stellen.

2 Zwiebel zur Butter geben, 2-3 Min. weich schmoren. Pilze hinzufügen, 2 Min. braten. Mit Brühe ablöschen, Pesto, Spargel und Gewürze einrühren, Fleisch zugeben, zudecken und 20 Min. köcheln lassen.

3 Putenbrust herausnehmen und warm stellen. Pfanneninhalt fein pürieren. Wieder in der Pfanne erhitzen und Sahne einrühren. Zum Servieren über das Fleisch gießen und mit Spargelspitzen garnieren.

Darauf sollten Sie achten

Tiefgefrorenes Fleisch vor der Zubereitung ganz auftauen.

Zu diesem Gericht passen sehr gut Reis, frische Karotten oder Baby-Maiskolben.

TIP

Die Sauce kann auch unpüriert und mit Sahne verfeinert serviert werden.

Ente mit Orangensauce

Diese geröstete Ente wird mit einer Sauce aus Orangensaft, Nüssen und Kokosnuß serviert.

Vorbereitungszeit: 15 Min.
+ Zeit zum Marinieren
Garzeit: 1¼ Std.
Für 4-6 Personen

ZUTATEN

4 x 225 g Entenbrust ohne Knochen
5 cm frische Ingwerwurzel, geschält und feingehackt
2 Stückchen Zitronengras, längs halbiert
Salz und Pfeffer
2 EL Erdnußöl
Langkorn-Reis zum Servieren
Orangenscheiben zum Garnieren
Koriander- oder Dillzweige zum Garnieren
Für die Sauce
Erdnußöl
50 g gehackte Schalotten
2 kleingehackte Knoblauchzehen
5 cm frischer Galingale, geschält und feingehackt
50 g feingemahlene Kemiri oder Macadamianüsse
1 Stückchen Zitronengras, halbiert
1 TL gemahlene Kurkuma
1 EL brauner Zucker
125 ml Kokosmilch
250 ml frischer Orangensaft
2 EL gehackter Koriander

1 Entenbrüste auf einen Teller legen. Ingwer, Zitronengras, Salz, Pfeffer und Öl darübergeben. 2 Std. marinieren. Den Ofen auf 200° C vorheizen. Die Ente 50-60 Min. rösten. Fett nach der Hälfte der Zeit abgießen.

2 Schalotten, Knoblauch und Galingale zugeben. 2-3 Min. braten.

3 Kemiri, Zitronengras, Kuruma und braunen Zucker einrühren. 2 Min. braten, dann Kokosmilch und Orangensaft hinzufügen. Würzen und zum Kochen bringen. Hitze verringern und 5-10 Min. köcheln lassen.

4 Zitronengras aus der Sauce entfernen, die Flüssigkeit verrühren. Koriander hineinrühren und warm halten.

5 Zum Servieren jede Entenbrust in Scheiben schneiden und auf ein Reisbett legen. Mit der Orangensauce begießen und mit frischen Orangenstücken und Koriander- oder Dillzweigen garnieren.

Perlhuhn mit Reisfüllung

Ein Festessen für 4 Personen — zarte, junge Perlhühner, mit Reis und roter Paprikaschote gefüllt und mit Käse überbacken.

Vorbereitungszeit: 15 Min.
Garzeit: 1 Std.
Für 4 Personen

ZUTATEN

4 bratfertige Perlhühner

Salz und Pfeffer

100 g Gruyère

100 g gekochter Reis

2 EL Erbsen

1/2 rote Paprikaschote, geputzt und in Würfel geschnitten

2 EL Öl

Brunnenkresse und Weintrauben zum Garnieren

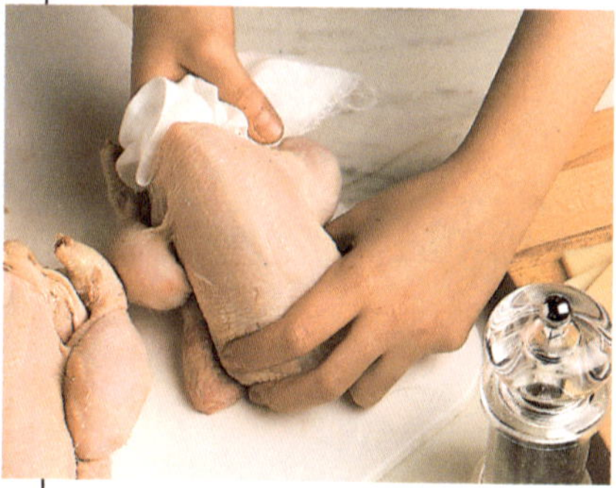

1 Die Perlhühner salzen und pfeffern. 50 g Käse raspeln, 50 g in Scheiben schneiden.

2 Ofen auf 190° C (Gas Stufe 5) vorheizen. Käse raspeln, Reis, Erbsen, Paprika mischen, in die Perlhühner füllen.

3 Die Perlhühner mit Öl einpinseln und 1 Std. braten. 5 Min. vor Garzeitende die Käsescheiben über die Perlhühner legen. Mit Brunnenkresse und Weintrauben garnieren.

TIP

Gruyère zerläuft sehr gut. Man kann statt dessen jedoch auch Gouda verwenden.

Gedünsteten Broccoli und Kartoffelpüree dazu servieren. Für die Sauce 2 TL Mehl in den Bratensaft streuen und bei mittlerer Hitze unter ständigem Rühren goldbraun werden lassen. Mit 200 ml Hühnerbrühe ablöschen und aufkochen. 1-2 Min. köcheln, etwas Butter einrühren und abschmecken.

Kaninchen mit schwarzen Oliven

Als Beilage serviert man zu diesem Gericht eine dampfende Polenta. Die Sauce paßt auch zu Spaghetti oder Tagliatelle.

Vorbereitungszeit: 20 Min.
Garzeit: 1½ Std.
Für 4 Personen

ZUTATEN

1 junges Kaninchen (ca. 1 kg)
100 g schwarze Oliven
2 Zwiebeln in Scheiben
1 Karotte in Scheiben
1 Stange Bleichsellerie in Stücken
1 EL Mehl
1 EL gehackter Rosmarin
1/8 l trockener Weißwein
2 EL Fleischbrühe
4 EL Olivenöl
Salz und Pfeffer

1 Kaninchen in nicht zu große Stücke zerlegen, waschen und abtropfen lassen. Mit 1 Zwiebel, der Karotte, dem Sellerie und dem Wein in eine Schüssel legen und zugedeckt 1/2 Std. stehen lassen.

2 Öl erhitzen, das Fleisch bei großer Hitze anbräunen. Mit Mehl bestäuben und die restlichen Zwiebelscheiben zugeben. Die Marinierflüssigkeit und nach 5 Min. die Brühe angießen. Mit Rosmarin, Salz und Pfeffer würzen.

3 Bei mittlerer Hitze zugedeckt etwa 1 Std. köcheln lassen, Fleischstücke ab und zu wenden. Oliven hineingeben und fertiggaren, evtl. etwas kochende Brühe angießen.

TIP

Zum Kaninchen paßt auch Kartoffel- oder Kürbispüree.

Gemüse – als Beilage und Hauptgericht

Wurzelgemüse

Dieses Gemüse ist - wie der Name schon sagt - die Wurzel von Blatt- oder die Knolle von Blütenpflanzen. Was das Kochen betrifft, so wird nicht zwischen Wurzeln und Knollen unterschieden. Beides wird in kaltem Wasser aufgesetzt.

Vitamine

Wurzelgemüse, besonders Karotten, enthalten viel Vitamin A. Da durch Lichteinwirkung die Vitamine schnell verlorengehen, sollte man sie in Geschäften mit hohem Umsatz kaufen und dunkel und trocken aufbewahren.

1 Kartoffeln (Knolle)

Man unterscheidet drei Kartoffelarten: Salatkartoffeln haben einen geringen Stärkeanteil, geeignet für Salate. Vorwiegend festkochende Kartoffeln haben einen mittleren Stärkeanteil, geeignet z.B. für Salzkartoffeln und Pommes Frites. Mehlig kochende Kartoffeln haben einen hohen Stärkeanteil, geeignet für Pürees und Kartoffelteige.

2 Yamswurzel (Knolle)

Diese Knolle — außen rotbraun, innen goldgelb — enthält viel Vitamin A.

3 Kohlrübe (Wurzel)

Wird hauptsächlich für Suppen und Eintöpfe verwandt oder gestampft als Gemüse gereicht.

4 Kohlrabi (Wurzel)

Junge Kohlrabi im Ganzen garen. Ältere für Suppen, Eintöpfe oder gemischte Gemüsegerichte verwenden.

5 Süßkartoffeln (Knolle)

Mit roter oder weißer Schale zu kaufen. Werden wie Kartoffeln gegart und zubereitet, oder für Kuchen, Soufflés oder Füllungen verwandt.

6 Knollensellerie (Knolle)

Ähnlicher Geschmack wie Stangensellerie. Wird für Suppen oder Eintöpfe, Salate oder Gemüsegerichte verwandt.

7 Pastinake (Wurzel)

Kann gedünstet, gekocht, gebraten, püriert oder in Wein gegart werden. Schmeckt leicht süßlich.

8 Karotten (Wurzel)

Für fast alle gekochten Gerichte als Beilage, Zutat oder geraspelt als Salat geeignet.

9 Meerrettich (Wurzel)

Wird häufig zu Fisch gereicht oder als Meerrettichsauce zu Fleisch.

10 Radieschen (Wurzel)

Werden roh im Salat gegessen und sind fast das ganze Jahr über erhältlich.

11 Rote Beete (Wurzel)

Roh, eingelegt oder gekocht für Salat geeignet.

12 Schwarzwurzel (Wurzel)

Diese fleischige Wurzel wird meist für Eintöpfe oder Salate, aber auch als Gemüsebeilage verwendet.

13 Taro (Knolle)

Dieses exotische Gemüse wächst an Flußufern im Südpazifik und wird wie die Kartoffel gegart.

14 Rettich (Wurzel)

Ist eine große, weiße Radieschenart. Wird dünn gehobelt für Salat oder nur gesalzen zubereitet.

Generell junges Gemüse auswählen, schälen, in Stücke schneiden und 3 Min. blanchieren. Unter fließend kaltem Wasser abbrausen, abtropfen lassen und in Plastikbeuteln für ca. 6 Monate einfrieren. Vor dem Einfrieren neue Kartoffeln und Sellerie fast weich, rote Beete gar kochen.

Zwiebelpflanzen

Die meisten Köche würden vor einem großen Problem stehen, sollten sie plötzlich ohne Zwiebeln und Knoblauch kochen. Wer Zwiebeln oder Knoblauch ablehnt, vergißt manchmal, daß der gute Geschmack eines Gerichts zu einem guten Teil diesen beiden pikanten Zutaten zu verdanken ist.

Zwiebelarten

Gemüsezwiebeln sind groß, saftig und können für jeden Zweck verwendet werden. Küchenzwiebeln sind mittelgroß, kräftig im Geschmack und eignen sich vorzüglich zum Kochen. Schalotten sind kleiner, nicht so saftig und milder. Sie können roh gegessen oder für Saucen verwendet werden. Perlzwiebeln sind sehr klein und werden im Ganzen gekocht oder eingelegt. Frühlingszwiebeln sind für Salate am besten. Mit roten Zwiebeln kann man hübsch garnieren.

Lauch und Schnittlauch

Vom Schnittlauch sind nur die Blätter eßbar. Sie können dick wie das Grün einer Frühlingszwiebel, aber auch hauchdünn sein. Als Gewürzkraut benutzen. Lauch ist eine geeignete Zutat für Suppen, Quiches usw. Sehr junger Lauch ist leicht süßlich, mild und schmeckt roh sehr gut.

Zwiebeln

Die Zwiebel ist wegen ihres Geschmacks und ihrer gesundheitsfördernden Eigenschaften hoch angesehen. Im alten Ägypten wurden Zwiebeln sogar den Göttern als Opfergabe dargebracht.

Zwiebeln schneiden

Die ungeschälte Zwiebel der Länge nach halbieren. Die Haut abziehen, die Wurzel an der Zwiebel belassen. Flach auf ein Brett legen und parallel von der Wurzel aus einschneiden. Von der Seite feine Würfel bis zur Wurzel hin schneiden.

Zwiebel-Sauce

Diese einfache Sauce paßt zu gebackenen Kartoffeln, Fisch oder Fleisch. Eine gehackte, große Gemüsezwiebel in 50 g Butter und 300 ml Wasser köcheln, bis die Flüssigkeit verdunstet ist. 1 1/2 EL Mehl zugeben, 1/2 Min. köcheln lassen, dann 150 ml Milch, 150 ml Sahne, Salz und Pfeffer zugeben. 1 Lorbeerblatt zugeben und unter Rühren aufkochen lassen. 2 Min. köcheln lassen, dann 2 EL Créme double einrühren. Evtl. durch ein Sieb passieren.

Gebackene Zwiebeln

Große, ungeschälte Zwiebeln einstechen. Im mittelheißen Ofen 1-1 1/2 Std. weich backen. Mit Salz, Pfeffer und Butter servieren.

Gefüllte Zwiebeln

Große, geschälte Zwiebeln aushöhlen. Mit würzigen Mischungen — Hackfleisch, Reis und Gemüse — füllen, mit Butter oder Öl einpinseln und wie gebackene Zwiebeln garen.

Gekochte Zwiebeln

Nicht zuviel der Wurzeln abschneiden, damit die Zwiebeln nicht zerfallen. In Salzwasser gar köcheln. Weiße oder Käse-Sauce dazu servieren, evtl. übergrillen.

TIP

Tränen beim Zwiebelschneiden? Die Zwiebeln unter fließendem Wasser schneiden. Oder etwas dabei lutschen. Schlucken und Weinen gleichzeitig ist schwierig.

Knoblauch

Am wichtigsten ist, daß der Knoblauch frisch ist und noch nicht sprießt. Die besten Knoblauchknollen sind fest und schwer auseinanderzubrechen. Die Zehen sind fest und weiß — nicht fasrig, grau und weich. Frischer Knoblauch hat einen sauberen, angenehmen Geruch. Knoblauch sollte man nur in Knollen kaufen, nicht in Strängen. Lieber öfter frischen nachkaufen. Am besten bewahrt man ihn in einem luftigen Sieb auf, niemals in einer verschlossenen Plastikdose.

Knoblauch zubereiten

1 Zum Aufbrechen mit einem festen Gegenstand auf eine Knolle schlagen.

2 Um die Haut von einer Zehe abzuziehen, wickelt man sie in Zellophan und drückt leicht mit einem flachen Messer darauf.

3 Den Knoblauch auf Papier oder Folie zerhacken. Salz darüberstreuen und mit einem Messer zerpressen.

Gebratener Knoblauch

Ganze Knoblauchzehen, mit Schale gebraten, sind mild im Geschmack. Nach der Hälfte der Garzeit um einen Braten legen, mit Bratensaft begießen.

Knoblauchbrötchen

2 zerpreßte Knoblauchzehen mit 100 g Butter mischen und würzen. Auf aufgeschnittene Aufbackbrötchen streichen und im Ofen in ca. 20 Min. knusprig backen.

Knoblauch und Gesundheit

Knoblauch hat antibiotische und antiseptische Eigenschaften, und man sagt ihm nach, daß er Blutgerinnsel verhindert. Dies alles trifft jedoch nur zu, wenn man ihn roh ißt. Bei den alten Griechen war er Sportlernahrung.

TIP

Keine Holzschalen mit Knoblauch ausreiben. Die Öle werden ranzig, und der Geschmack bleibt im Holz. Ißt man Knoblauch, so verhilft frische Petersilie zu einem angenehmeren Atem.

Lauch

Lauch sollte jung sein. Große, ältere Stangen haben zu feste äußere Blätter und sind zu scharf.

Vorbereiten

Nur die Wurzelfäden abschneiden, da der Lauch sonst auseinanderfällt. Den Lauch der Länge nach aufschneiden und unter fließend kaltem Wasser waschen.

Zubereiten

Lauch in Salzwasser blanchieren. Heiß servieren oder unter fließend kaltem Wasser rasch abkühlen. Oder aber man gart ganze Stangen in heißem Wasserdampf, damit sie ihre Inhaltsstoffe behalten.

Lauch-Vinaigrette

Ganze, blanchierte, junge Stangen oder in Scheiben geschnittenen Lauch auf einer Platte anrichten. Mit gut gewürztem Essig-Öl-Dressing begießen und mit Dill garniert bis zum Servieren kalt stellen.

TIP

Ein Bouquet Garni in ein Lauchblatt wickeln.

Lauch-Schellfisch-Auflauf

Vorbereitungszeit: 15 Min.
Garzeit: 20 Min.
Für 4 Personen

ZUTATEN
Butter zum Einfetten
blanchierte Lauchblätter
275 g geräucherter Schellfisch
4 EL Crème double
Petersilie zum Garnieren

1 Den Ofen auf 190° C (Gas Stufe 5) vorheizen. 4 kleine Formen ausfetten und mit den Lauchblättern auslegen. Evtl. die Lauchblätter verflechten. Den Fisch zerpflücken, mit Crème double mischen. In die Formen füllen, die Blätter darüberfalten.

2 Die Formen in ein halb mit Wasser gefülltes Bratblech setzen und in 20 Min. fest backen. Auf Teller stürzen und mit Petersilie garniert servieren.

Hülsenfrüchte

Guter Geschmack, hoher Nährwert und Lagerfähigkeit sind die hervorstechenden Eigenschaften der Hülsenfrüchte. Dennoch unterliegen sie immer wieder dem Trend. Sobald Fleisch und frisches Gemüse im Überfluß erhältlich sind, sinken Trockengemüse in der Wertschätzung. Wenn sie jedoch nicht zu einem unappetitlichen Brei zerkocht werden, sind sie eine reiche Quelle für Proteine, Kohlenhydrate und Ballaststoffe und eine wohlschmekkende Grundlage für viele Gerichte.

1 Limabohnen — sind besonders mehlig und sehr intensiv im Geschmack, auch spanische Bohnen genannt.

2 Mungobohnen — werden meistens gekeimt als Bohnensprossen angeboten, sind aber auch getrocknet erhältlich.

3 Augenbohnen — cremefarben mit einem schwarzen Punkt, saftig und etwas erdig im Geschmack.

4 Azukibohnen — süßlich, teuer und gelten, besonders in Japan, als „Königin" unter den Bohnen.

5 Weiße Bohnen — ballaststoffreich, meistens in Konserven wie „baked beans" verwendet.

6 Pintobohnen — gefleckt, geeignet für Salate und mexikanische Fleischgerichte.

7 Rote Kidneybohnen — herzhaft, mehlig und unerläßlich im Chili-con-carne.

8 Cannellinibohnen — sind weiß, länglich, behalten auch nach dem Kochen die Form.

9 Sojabohnen — sind besonders proteinhaltig, als Keime oder getrocknet zum Kochen geeignet.

10 Flageolettbohnen — sind grün, zart und besonders für Salate geeignet, meistens nur als Konserve erhältlich.

11 Dicke Bohnen — auch Acker- oder Saubohnen, sind zart, intensiv im Geschmack.

Linsen

Ob geschält oder ungeschält — Linsen sind genauso gehaltvoll wie Bohnen. Im Gegensatz dazu müssen sie jedoch nicht eingeweicht werden, und die Kochzeit ist wesentlich kürzer.

1 Grüne Linsen: sie schmecken nicht ganz so erdig wie die braunen Linsen, haben aber immer noch einen nussigen Geschmack. In Frankreich werden sie mit Knoblauch, Zitrone und Pökelfleisch serviert.
2 Geschälte rote Linsen: Es gibt sowohl gelbe, braune als auch rote Linsen geschält. Alle werden nicht eingeweicht und garen sehr schnell. Da sie jedoch während des Kochens auseinanderbrechen, eignen sie sich am besten für Pürees.
3 Braune Linsen: rote Linsen mit Schale sind braune Linsen. Sie schmecken leicht nussig und bleiben auch nach dem Kochen fest. Für Suppen oder als Beilage geeignet.

Erbsen

Getrocknete Erbsen sind sehr vielseitig. Man kann sie Eintopfgerichten beigeben oder zu Pürees verarbeiten und Suppen oder Pasteten beigeben oder einfach als Püree servieren.

1 & 2 Geschälte Erbsen: grüne und gelbe geschälte Erbsen schmecken leicht süßlich und frischer als Linsen. Sie müssen nicht eingeweicht werden und garen relativ schnell. Beim Garen zerfallen sie und eignen sich daher am besten für Pürees.
3 Ungeschälte Erbsen: sie können gegart als Gemüsebeilage serviert oder für Erbsensuppen oder Eintöpfe verwendet werden.

Kichererbsen

Diese Erbse ist eigentlich eine Bohne. Knackig, mit nussigem Geschmack sind Kichererbsen weltweit bekannt. Man reicht sie gesalzen (in Griechenland), scharf gewürzt (in Indien) oder mit Öl und Knoblauch angemacht (in Italien) als Vorspeise. Im Mittleren Osten kombiniert man sie mit Sesampaste, Zitronensaft und Knoblauch als Beilage.

Anmerkungen

Vorbereitung

Getrocknete Hülsenfrüchte sollte man vor dem Einweichen oder Kochen durchsehen. Manchmal sind kleine Steine oder Schalenreste mit in der Tüte. Erst dann gründlich unter fließend kaltem Wasser reinigen.

Einweichen

Außer Linsen und geschälten Erbsen, die man nur einweicht, um die Kochzeit zu verringern, müssen alle getrockneten Hülsenfrüchte eingeweicht werden, damit sie sauber und weich werden. Dafür gibt es zwei Methoden.

Langes Einweichen
Nach dem Waschen die Bohnen in einem großen Topf mit reichlich kaltem Wasser bedecken. Je härter die Bohnen sind, desto länger müssen sie eingeweicht werden. Am besten jedoch läßt man sie über Nacht einweichen. Erbsen, Linsen und geschälte, halbierte Bohnen benötigen nur 10 Minuten.

Schnelles Einweichen
Hat man wenig Zeit, so kann man die Erbsen oder Bohnen in ungesalzenem Wasser aufkochen und 5 Min. köcheln. 1 Std. stehen lassen, dann abgießen und abspülen. Sojabohnen und Kichererbsen müssen 2 Std. ziehen, Flageoletts (siehe Seite 294, Punkt 10) und Linsen nur in kaltem Wasser einweichen.

Zubereitung

Für einige Gerichte werden Hülsenfrüchte nur in Wasser gegart. Für genauso viele Gerichte aber wird die Kochflüssigkeit durch andere Zutaten verfeinert. In vielen französischen Rezepten z. B. werden Zwiebeln, Karotten, Bouquet Garni oder gepökeltes Schweinefleisch mit Bohnen oder Linsen gegart. Solange es zu dem Gericht paßt, kann man auch Kräuter, Karotten, Sellerie, Zitronenschale oder durchwachsenen Speck zugeben.
Die Garzeiten der Hülsenfrüchte richten sich nach Art, Alter und Qualität. Je frischer die Bohnen, desto kürzer die Garzeit. Die Zeiten auf der übernächsten Seite sind daher auch nur ungefähre Angaben. Sind die Hülsenfrüchte noch zu fest, müssen sie etwas länger gegart werden.

Kochhinweise
☐ Bohnen nicht vor Garzeitende salzen, sonst platzt die Haut und der Kern wird hart.

Garzeiten für Hülsenfrüchte

	Schnell Einweichen	Kochen	Dampf-drucktopf
Azukibohnen	1 Std.	30-45 Min.	10 Min.
schwarze Bohnen	1 Std.	$1\text{-}1\frac{1}{4}$ Std.	15 Min.
Augenbohnen	1 Std.	$\frac{3}{4}\text{-}1$ Std.	15 Min.
dicke Bohnen	1 Std.	$1\text{-}1\frac{1}{2}$ Std.	15 Min.
Limabohnen	1 Std.	$1\text{-}1\frac{1}{2}$ Std.	15 Min.
Cannellinibohnen	1 Std.	$1\text{-}1\frac{1}{2}$ Std.	15 Min.
Kichererbsen	2 Std.	$1\text{-}1\frac{1}{2}$ Std.	20 Min.
getrocknete Erbsen	1 Std.	45 Min.	10 Min.
Flageoletts	—	$\frac{3}{4}\text{-}1$ Std.	10 Min.
weiße Bohnen	1 Std.	1 Std.	15 Min.
braune und grüne Linsen	—	30 Min.	8 Min.
Pintobohnen	1 Std.	$1\frac{1}{4}$ Std.	15 Min.
rote Kidneybohnen	1 Std.	$1\frac{1}{4}\text{-}1\frac{1}{2}$ Std.	15 Min.
Sojabohnen	2 Std.	2-4 Std.	1 Std.
geschälte Linsen	—	20 Min.	5 Min.
geschälte Erbsen	—	30 Min.	8 Min.

Darauf sollten Sie achten

Schwarze und Kidneybohnen müssen 10-15 Min. sprudelnd kochen, bevor sie gegart werden, um die enthaltenen Gifte abzutöten.

Kräuter

Kräuter sind besonders wichtig. Sie haben ein spezielles Aroma und unterstreichen den unverwechselbaren Charakter jeder Speise.

Gartenkräuter

1 Koriander: Ist wohlriechend und schmeckt köstlich. Paßt zu Fleisch und Hühnergerichten, oder man streut ihn über Lammgerichte.

2 Lorbeer: Paßt zu Saucen und Fischbouillons. Er hat einen staubig-süßlichen Geruch, eignet sich für Geschmortes, Saucen und Suppen.

3 Thymian: Schmeckt warm und erdig. Paßt zu Geschmortem, zu Fleischfüllungen, Pasteten und zu Gemüse aus dem Mittelmeerraum.

4 Minze: Eignet sich zu gekochten neuen Kartoffeln oder zu süßen Gerichten und Fruchtgetränken.

5 Petersilie: Mildes Aroma, paßt als Dekoration oder zu Suppen, Fischgerichten und Saucen.

6 Glatte Petersilie: Zur Dekoration.

7 Schnittlauch: Das Zwiebelaroma entfaltet sich im Omelette, auf

gebackenen Kartoffeln. Auch als Dekoration verwendbar.

8 Basilikum: Schmeckt und riecht süßlich und paßt zu Tomatenspeisen.

9 Rosmarin: Schwach süßliches Aroma, paßt zu Lamm, Kalbfleisch, Schwein und Kaninchen.

10 Majoran: Süßlich duftend, frische Blätter passen zum Salat oder zu Lammgulasch.

11 Oregano: Riecht streng und gibt Pizza und Nudelgerichten den unnachahmlichen Geschmack.

12 Estragon: Schmeckt nach Anis und Vanille, paßt zu Huhn, Schinken, Fisch und Ei.

13 Dill: Schmeckt nach Anis und paßt zu Fisch und zu Eingemachtem.

14 Salbei: Rauh, trocken, aber duftend; paßt zu Saucen, zu gegrilltem Schwein und zu Gänsebraten.

Kräuter aufbewahren

Einfrieren

Petersilie, Thymian, Estragon, Majoran, Schnittlauch, Dill, Koriander und Minze eignen sich dazu. Rosmarin, Salbei und Lorbeer trocknen besser. Einzelne oder gemischte, kleingeschnittene Kräuter in Eiswürfelbechern einfrieren. Halb mit Kräutern, halb mit Wasser füllen. Bei Bedarf einfach in die Suppe rühren.

Trocknen

Majoran, Thymian, Rosmarin, Salbei, Lorbeer und Minze trocknen gut. Estragon, Schnittlauch, Dill und Koriander nicht. Kräuter können draußen oder auch im Haus getrocknet werden. Nicht in die pralle Sonne legen. Die meisten Kräuter trocknen an ihren Stielen, so werden sie nicht gedrückt. Zu kleinen Sträußen binden und an einem schattigen, warmen, trockenen Platz eine Woche hängen lassen. Oder im Ofen auf dem Backblech trocknen. Nicht über 30° C bei geöffneter Ofentür! Nach dem Trocknen die Blätter abstreifen und in dunkle Gläser mit Etiketten abfüllen. Trockene Kräuter haben stärkeres Aroma als frische.

Kräuteressig

Estragon, Majoran, Thymian, Basilikum, Minze oder Dill eignen sich. Kräuter in einer Flasche mit gutem Essig auffüllen. Diese Mischung für Salatsaucen, Marinade, Mayonnaise verwenden. Nach 3-4 Wochen fertig zum Gebrauch.

Bouquet Garni

1 Lorbeerblatt, je 1 Zweig Petersilie und Thymian oder Estragon und einige Pfefferkörner zusammen in Musselin-Säckchen binden.

Katalanischer Bohneneintopf

Dieser herzhafte Eintopf mit frischen Pferdebohnen und Chorizo-Wurstscheiben ist ein hervorragendes Gericht für ein schmackhaftes Abendessen.

Vorbereitungszeit: 10 Min.
Garzeit: 1¼ Std.
Für 8 Personen

ZUTATEN

2 EL Olivenöl
225 g kleingeschnittener durchwachsener Schinkenspeck ohne Schwarte
2 kleingehackte Zwiebeln
4 feingehackte Knoblauchzehen
900 g geschälte Pferdebohnen
225 g Chorizo-Wurst in Scheiben
3 EL gehackter Salbei
2 Lorbeerblätter
225 ml trockener Weißwein
600 ml Hühnerbrühe
Salbeiblätter zum Garnieren

1 Den Schinken, die Zwiebeln und den Knoblauch 10 Min. in heißem Öl braten, bis die Zwiebeln weich sind, dabei häufig umrühren.

Zu diesem herzhaften Eintopf schmecken Scheiben von Knoblauch-Krustenbrot und gekühlter spanischer Weißwein, wie zum Beispiel der frische Torres Vina Esmeralda.

2 Die Pferdebohnen in eine Kasserolle geben und gut umrühren. Die Mischung weitere 4 Min. kochen.

3 Die Hitze verringern und Wurst, Salbei, Lorbeerblätter und Wein hinzufügen. Umrühren und aufkochen. Die Hitze reduzieren und mit geschlossenem Deckel 1 Std. lang köcheln lassen. Die letzten 20 Min. den Deckel abnehmen. Die Lorbeerblätter entfernen und mit frischen Salbeiblättern garniert servieren.

Blumenkohl-Überraschung

Dieser Blumenkohl-Käsetraum wird in Stücke zerteilt, aber im „Ganzen“ serviert.

Vorbereitungszeit: 25 Min.
+ Zeit zum Ruhen
Garzeit: 25 Min.
Für 4-6 Personen

Z U T A T E N

1 Blumenkohl

Butter zum Einfetten

Für die Sauce

20 g Butter

20 g Mehl

200 ml Milch

50 g geriebener Cheddarkäse

Salz und Pfeffer

1 Den Blumenkohl in mittelgroße Rosetten zerteilen. Den Strunk in kleine Stücke schneiden. Rosetten, Strunk und einige Blätter im heißen Wasserbad 10 Min. dämpfen. Danach abkühlen lassen.

2 Den Boden einer 600 ml, eingefetteten Glasschüssel mit den Rosetten, Stiel nach oben, auslegen. Ein Glas darauf setzen und Rosetten, Stiel nach innen, bis unter den Rand auffüllen. Das Glas langsam entfernen. Die Sauce vorbereiten: Butter zergehen lassen, Mehl dazugeben und unter Rühren 1 Min. kochen. Milch einrühren; Käse und Gewürze daruntermischen.

3 Die Sauce in die Mitte des Blumenkohls gießen, mit dem restlichen Kohl die Sauce bedecken. Den Kohl fest andrücken.

4 3-4 grüne Blätter zwischen Rosetten und Schüssel einfügen. Einen kleinen Teller auf den Kohl stellen, mit Gewichten niederdrücken. 1 Stunde stehen lassen.

5 Die Schüssel gut mit Alufolie bedecken und im heißen Wasserbad 12 Min. dämpfen. Teller und die Gewichte entfernen und auf eine Servierplatte stürzen. Sofort servieren.

TIP

Falls Sie keine Gewichte haben, können Sie auch ein oder zwei schwere Konservendosen benutzen.

Italienische Zucchini

Ganze geröstete Mandeln ergänzen dieses Gericht in Konsistenz und Geschmack, hier serviert mit Lammkoteletts, mit Majoran garniert.

Vorbereitungszeit: 10 Min.
Garzeit: 20 Min.
Für 4-6 Personen

ZUTATEN

450 g Tomaten

4 EL Olivenöl

2 kleine, dünn geschnittene Zwiebeln

2 zerpreßte Knoblauchzehen

450 g Zucchini in Scheiben

125 ml Hühnerbrühe

1 TL gehackter Majoran oder 1/2 TL Oregano

Salz und Pfeffer

75 g karamelisierte geröstete Mandeln

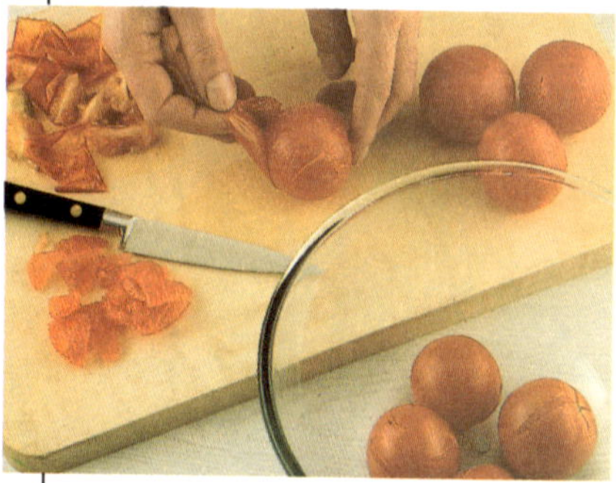

1 Die Tomaten mit heißem Wasser überbrühen, die Haut abziehen. Die Tomaten vierteln, die Kerne entfernen.

2 Knoblauch und Zwiebelscheiben in heißem Olivenöl weich dünsten.

TIP

Wenn es schnell gehen soll, können Tomaten aus der Dose verwendet werden. Falls sie zu sehr vorschmecken, etwas mehr Majoran oder Oregano zugeben.

3 Zucchini zugeben und in 6-7 Min. hellbraun braten, hin und wieder umrühren.

4 Tomate, Brühe, Majoran oder Oregano zugeben, abschmecken, und zugedeckt in ca. 4 Min. garen.

5 Die Mandeln schnell unterrühren und in einer vorgewärmten Schüssel sofort servieren.

Gefüllte Auberginen

Dieses Gemüse eignet sich wunderbar zum Füllen — und ist das ganze Jahr über erhältlich. Die Aubergine hier ist mit geräuchertem Schinken und Käsesauce gefüllt.

Vorbereitungszeit: 20 Min.
Garzeit: 45 Min.
Für 2 Personen

ZUTATEN

2 mittelgroße Auberginen
100 g geräucherter Schinken
75 ml Olivenöl
40 g Butter
1 mittelgroßer Zucchino in Scheiben
25 g Mehl
300 ml Milch
50 g geriebener Cheddar
2 TL Meerrettichsauce
Salz und Pfeffer
4 TL Semmelbrösel
1 EL gehackte Petersilie
2 EL geriebener Parmesan

1 Die Auberginen der Länge nach aufschneiden. Das Fleisch, ohne die Haut zu verletzen, vorsichtig herauslöffeln. Fleisch und Schinken in etwa 12 mm große Würfel schneiden. Die Auberginenschalen in 3 EL Öl anbraten, bis sie weich werden. Auf Küchenpapier abtropfen lassen.

2 Im restlichen Öl das Auberginenfleisch 5 Min. anbraten, bis es fast weich ist. Herausnehmen und auf Küchenpapier abtropfen lassen.

3 Den Schinken in 15 g Butter 3 - 5 Min. anbraten. Den Zucchino zugeben und 1 Min. mitbraten. Beides herausnehmen, und die restliche Butter in der Pfanne zergehen lassen. Mehl einrühren, mit Milch ablöschen und unter Rühren zu einer glatten Sauce einkochen lassen. 3/4 des Cheddars und Meerrettichsauce zugeben, würzen.

4 Den Ofen auf 200° C (Gas Stufe 6) vorheizen. Auberginenfleisch, Schinken und Zucchino vermischt in die Auberginen füllen. Etwas Sauce darübergießen, Semmelbrösel mit Cheddar und Petersilie vermischt darübergeben. Mit Parmesan bestreut 20-25 Min. überbacken.

Zu den gefüllten Auberginen gebratene Kartoffeln und Tomatensalat reichen.

Rot- oder Roséwein, wie Kalifornischer Burgunder oder Mateus Rosé, passen gut zu diesem Gericht.

Stangenselleriehherzen mit krossen Speckwürfeln

Oft wird Stangensellerie nur zum Würzen oder roh als Beilage zu Käse verwendet. Dieses Rezept stellt das Gemüse als warme Beilage vor.

Vorbereitungszeit: 5 Min.
Garzeit: 15 Min.
Für 4 Personen

ZUTATEN

- **2 Sellerieherzen**
- **3 EL Öl**
- **2 Scheiben durchwachsener Speck, in Würfel geschnitten**
- **1 blanchierte, gewürfelte Kartoffel**
- **1 Prise Salz**
- **1 Zitrone**
- **150 ml Sahne**
- **1½ EL Dijon-Senf**
- **½ TL gemahlener Ingwer**

1 Sellerieherzen putzen und halbieren. Einige zarte Blätter beiseite legen. Die Wurzel nicht abschneiden.

2 Das Öl erhitzen, den Speck ausbraten und beiseite stellen. Die Kartoffel 5-7 Min. goldbraun braten. Speck und Kartoffel abtropfen lassen.

TIP

Möglichst unverpackten, knackigen Sellerie kaufen. Die äußeren, dunklen Stangen beseitigen.

Saftiger geräucherter Schinken paßt ausgezeichnet zu diesem Gericht.

3 Salzwasser aufkochen, den Saft, beide Hälften der Zitrone und Sellerie 3 Min. darin kochen, abtropfen lassen, die Enden abschneiden, warm stellen.

4 Sahne mit dem Senf und Ingwer langsam bei wenig Hitze erwärmen.

5 Die Sauce über den Sellerie gießen, mit Speck- und Kartoffelwürfeln bestreuen und mit Sellerieblättern dekorieren.

Darauf sollten Sie achten

Die geschälte Kartoffel muß vor dem Braten abgewaschen werden, um vorhandene Stärkereste zu entfernen und so das Anbrennen zu verhindern.

Gratinierter Gemüseauflauf

Eine farbenfrohe Komposition aus frischem oder gefrorenem Gemüse in drei verschiedenen Saucen.

Vorbereitungszeit: 15 Min.
Garzeit: 25 Min.
Für 6 Personen

ZUTATEN

225 g frischer Blattspinat oder 1 Bund Brunnenkresse

3 große, reife Tomaten

900 ml dicke Béchamelsauce aus je 75 g Butter und Mehl (siehe Seite 80)

100 g geriebener Gruyère oder Cheddar

1/4 TL geriebene Muskatnuß

900 g verschiedene, frisch gekochte Gemüse (Broccoli, Karotten, Mais, Erbsen, Bohnen)

1 EL Semmelbrösel

1 Spinat oder Brunnenkresse kurz kochen, bis die Blätter weich sind. Abgießen, ausdrücken. Tomaten mit kochendem Wasser überbrühen, häuten, in Scheiben schneiden.

2 Béchamelsauce dritteln. Einem Drittel Muskat und dem zweiten 50 g Käse hinzufügen. Das letzte Drittel mit dem Spinat pürieren.

3 Backofen auf 200° C (Gas Stufe 6) vorheizen. Gemüse und Saucen in eine große Auflaufform schichten. Mit Broccoli, Tomaten, Muskatsauce beginnen, darauf Karotten, grüne Sauce geben. Mais, Erbsen, Bohnen einschichten und mit Käsesauce bedecken.

4 Auflauf mit dem restlichen Käse und Semmelbröseln bestreuen. 25 Min., oder bis er leicht gebräunt ist, backen.

TIP

Das gekochte Gemüse vor dem Einschichten sehr gut abtropfen lassen, damit die Saucen nichts von ihrer Konsistenz verlieren.

Mit gebackenen Kartoffeln und knackigem grünem Salat servieren.

Desserts

FESTLICHES

Mousses und Gelees

Egal zu welcher Jahreszeit – Mousse oder Gelee ist immer etwas Besonderes. Luftig-leichte Mousses sind cremig und haben einen außergewöhnlichen Geschmack. Selbstgemachte Gelees sind in ihrem frischen Nachgeschmack nicht zu vergleichen mit fertig gekauften. Mousses und Gelees weisen einen gravierenden Unterschied auf: Mousses erhalten ihre luftige Konsistenz durch Eischnee und werden durch Eigelb und Schlagsahne besonders cremig. Jede denkbare Frucht oder jeder Geschmack kann für Mousses verwandt werden. Das gleiche gilt für Gelees.

Feste Mousses und Gelees

Sowohl Mousses als auch Gelees benötigen „Unterstützung", um fest zu werden – Gelatine. Glücklicherweise sind die Zeiten vorbei, in denen man noch Knochen auskochen mußte, um den gelatinehaltigen Saft zu erhalten. Heute benutzt man die fertig abgepackte Gelatine, und schon wird jedes Dessert fest.

Gelatine

Gelatine ist ein Extrakt aus ausgekochten Knochen. Das hört sich unappetitlich an. Dennoch ist gerade Gelatine sehr vielseitig verwendbar. Es gibt sie in zwei verschiedene Formen: als **Blätter** und **gemahlen** in Päckchen. Die gemahlene ist einfacher zu verarbeiten und wird daher häufiger verwendet. Eine Alternative zu diesem tierischen Produkt ist **Agar-Agar**, das aus Algen gewonnen wird.

Gelatine auflösen

Gelatine in Flüssigkeit einstreuen, umrühren. 5 Min. stehen lassen, bis sie schwammig wird, dann erwärmen und unter Rühren auflösen. Nicht kochen! 4 EL Flüssigkeit reichen für 4 TL Gelatine.

Gebrauch von Gelatine

Geschlagene Sahne oder Eischnee wird erst in das Mousse eingerührt, wenn es durch die Gelatine anfängt, fest zu werden. Anderenfalls würde es sich nicht mehr vermischen. Gelees oder Mousses benötigen zum Festwerden 1½-2 Std. im Kühlschrank. Um das Gelee aus der Form zu lösen, hält man diese vor dem Stürzen in heißes Wasser.

Gelatinemenge pro 600 ml

5 Blatt Gelatine
1 Päckchen gemahlene Gelatine

Agar-Agar

Dieses vegetarische Produkt, aus Algen gewonnen, wird genau wie Gelatine benutzt, mit dem Unterschied, daß man es mit den Cremezutaten vorher aufkochen muß. 2 TL reichen für 600 ml Flüssigkeit. Agar-Agar gibt es in Geschäften, die Vollwertkost führen oder in Reformhäusern.

Darauf sollten Sie achten

Gelatine nicht kochen, weil dadurch die für das Festwerden wichtigen Proteine zerstört werden.

m

Gelatine läßt sich in der Mikrowelle schnell auflösen. 1 Päckchen in 4 EL Wasser auf Hochtemperatur (100 %) 30-35 Sek. erhitzen. Nicht kochen!

Mousses aus Fruchtpüree

Fruchtpüree kann aus frischen oder tiefgefrorenen, getrockneten oder Dosenfrüchten bereitet werden. Sahne und Eischnee nicht zu früh und auf keinen Fall ins warme Püree zugeben.

Himbeer-Mousse

Vorbereitungszeit: 20 Min.
+ Zeit zum Festwerden
Garzeit: 5 Min.
Für 4-6 Personen

ZUTATEN

- **225 g aufgetaute Himbeeren**
- **75-100 g Zucker**
- **4 TL Gelatine**
- **Saft von 1/2 Orange**
- **150 ml Crème double**
- **1 Eiweiß**
- **geröstete Mandelsplitter und ganze Himbeeren zum Garnieren**

1 Himbeeren durch ein Sieb passieren, die übrigbleibenden Kerne wegwerfen.

2 Den Zucker mit 4 EL Wasser bei wenig Hitze auflösen, das Püree zugeben.

3 Die Gelatine in dem Orangensaft beiseite stellen, dann bei wenig Hitze auflösen. Himbeerpüree nach und nach untermischen.

4 3/4 der steifgeschlagenen Crème double und das Eiweiß nacheinander unter die halbfeste Mischung ziehen.

5 In einer großen oder in 6 kleinen Schalen im Kühlschrank 1-2 Std. festwerden lassen. Mit Creme, Himbeeren und Mandeln dekorieren.

TIP

Frische Himbeeren sollten, wenn sie nicht sehr reif sind, vor Gebrauch etwas weichgekocht werden. Den Zucker dann in 6 EL Wasser pro 225 g auflösen.

Frische Zitronenmousse

Vorbereitungszeit: 25 Min.
+Zeit zum Festwerden
Garzeit: 1 Min.
Für 6 Personen

ZUTATEN
3 getrennte Eier
100 g Zucker
abgeriebene Schale und Saft 1 Zitrone
4 TL Gelatine
150 ml Crème double
Schokoladenlocken und Zitronenscheiben zum Dekorieren

1 Eigelb, Zitronenschale und Zucker zu einer dicken hellen Masse verschlagen.

2 Den durchgesiebten Zitronensaft mit der Gelatine 5 Min. beiseite stellen.

3 Bei wenig Hitze unter Rühren auflösen. 4 EL der Eimasse zugeben, dann unter die restliche Eimasse rühren. 10 Min. beiseite stellen, zwischendurch ab und zu umrühren.

4 Die Crème double sehr steif schlagen und unterziehen.

5 Das Eiweiß steif schlagen und unterziehen. Die Mousse in 6 Puddingförmchen füllen. Etwas schütteln, damit die Luft entweichen kann, und 3/4-1 Std. kalt stellen.

6 Die Förmchen vorsichtig in heißes Wasser tauchen und einzeln auf Teller stürzen. Mit Schokoladenlocken und Zitronenscheiben dekorieren.

Variation

Ebensogut, aber ungewöhnlicher ist Limonenmousse. Dafür die Schale von 2 und den Saft von 3 Limonen verwenden. Mit Erdbeerfächern oder hauchdünnen Limonenscheiben dekorieren.

Gelees

Selbstgemachte Fruchtgelees sind im Geschmack viel klarer und natürlicher als gekaufte - und enthalten keinerlei Zusätze.

Orangen-Gelee

Vorbereitungszeit: 5 Min.
+ Zeit zum Festwerden
Garzeit: 1 Min.
Für 6 Personen

ZUTATEN
750 ml Orangensaft
4 TL Gelatine

1 4 EL Orangensaft mit der Gelatine vermischt 5 Min. zum Quellen beiseite stellen.

2 Die Gelatine bei wenig Hitze unter Rühren vollständig auflösen.

3 Den restlichen Orangensaft einrühren, beiseite stellen, ab und zu umrühren. In eine Puddingform füllen und festwerden lassen.

4 Zum Servieren das Gelee mit einem Messer vom Rand lösen und auf einen Teller stürzen. Evtl. die Form vorher in heißes Wasser tauchen.

Variation

Schichten aus Kiwis, Erdbeeren, Bananen und Weintrauben in das Gelee setzen. Dabei muß man jedoch wie folgt vorgehen, damit die Früchte nicht an die Oberfläche steigen:

Etwa 2,5 cm Flüssigkeit in der Form festwerden lassen. Eine Schicht Früchte daraufsetzen und mit Gelee begießen. Wenn das Gelee festgeworden ist, die nächsten Schichten aus anderen Früchten ebenso bereiten, bis alles aufgebraucht ist.

TIP

Falls das Gelee fest wird, bevor es in der Form ist, kann man es kurz erwärmen, damit es wieder flüssig wird.

Milch-Gelee

Vorbereitungszeit: 5 Min.
+ Zeit zum Festwerden
Garzeit: 1 Min.
Für 6 Personen

ZUTATEN

4 TL Gelatine
600 ml Milch
3 EL Zucker
2 EL Kakaopulver

1 Die Gelatine in 4 EL Wasser rühren und 5 Min. beiseite stellen. Wenn sie schwammig wird, bei wenig Hitze unter Rühren vollständig auflösen.

2 Den Zucker in Milch und Kakao bei wenig Hitze auflösen. Abkühlen lassen und die Gelatine einrühren. Ab und zu umrühren, bis das Gelee anfängt, dick zu werden. In einer Form festwerden lassen.

3 Das Gelee am Rand mit einem Messer lösen und auf einen Teller stürzen.

Variationen

Fruchtpürees z.B. aus Erdbeeren, Johannisbeeren oder Ananas können dem Milchgelee beigegeben werden. Kiwis, Melonen und Weintrauben sind nicht so geeignet. 225 g Püree für 600 ml Milch und 4 TL Gelatine verwenden.

Erdbeeren: zerdrückt unter das halbfeste Gelee rühren.
Johannisbeeren: mit 25 g Zucker vor dem Pürieren kochen.
Ananas: aus der Dose pürieren oder kleinschneiden.

TIP

Frucht-, Nuß- oder Keksschichten sehen ebenfalls sehr ansprechend aus. Dafür das Gelee in Glasschalen füllen. In hohen Cocktailgläsern wirkt Gelee besonders gut. Die Gläser schräg stellen, während schichtweise Gelee eingefüllt wird.

Eiscremes und Sorbets

Seit der Erfindung der elektrischen Eismaschine ist die Zubereitung von Eis kinderleicht. Selbst ausgefallene Kombinationen wie pürierte Gurke mit Minze oder Joghurt mit Honig gibt man einfach in die Maschine und erhält eine glatte Creme, da sie während des Gefrierens ständig durchgerührt wird. Aber herkömmliche Verfahren tun es genauso.

Die Crème de la crème

Klassische Eiscreme mit Sahne und Eiern ist immer noch die cremigste und beste. Es gibt viele Arten der Eisherstellung: Man bereitet eine Eiercreme aus Milch oder Sahne und Eiern, ein Mousse, indem man Eier und Zucker über Wärme schaumig schlägt, eine Baiser-Masse mit einem bestimmten Geschmack oder nimmt einfach Fruchtsaft für Sorbet. Die Masse muß während des Gefrierens häufig umgerührt oder aufgeschlagen werden. Je öfter, desto lockerer, cremiger wird das Eis. Ausnahme: das Parfait aus Mousse, das schon vorher aufgeschlagen wurde.

Eis aus Baiser-Masse ist sehr süß, daher kräftigen Fruchtgeschmack zugeben. Parfaits behalten ihre Struktur nicht so leicht wie Eis aus Eiercreme, aber mit Alkohol abgeschmeckt eignen sie sich besonders gut zu einem festlichen Essen. Sorbets sind sehr erfrischend, aber die Masse läßt sich schwer glattrühren. Granité dagegen soll kristallisieren, und halbgefrorene Granité zum Dessert rundet ein reichhaltiges Mahl perfekt ab.

Eis aus Eiercreme

Aus Eiercreme selbst zubereitetes Eis schlägt normales, industriell hergestelltes im Geschmack um Längen. Es ist cremig, die Palette der Geschmacksrichtungen nahezu unbegrenzt.

Vanille-Eiscreme

Vorbereitungszeit: 5-10 Min.
+ Zeit zum Gefrieren
Garzeit: 10 Min.
Für 6 Personen

ZUTATEN
300 ml Milch
150 ml Sahne
100 g Zucker
4 Eigelb
einige Tropfen Vanille-Essenz

1 Milch, Sahne und Zucker in einem schweren Topf langsam aufkochen. In der Zwischenzeit Eigelb mit Vanille aufschlagen.

2 Die kochende Flüssigkeit unter ständigem Rühren zum Eigelb geben.

3 In ein flaches Gefäß füllen, kühlen, bis die Masse an den Rändern gefroren ist.

4 Das Eis in eine Schüssel füllen, mit dem Handrührgerät schlagen, bis die Masse glatt und cremig ist. In ein tieferes Gefäß füllen und wieder gefrieren. Evtl. noch einmal aufschlagen.

Variationen

☐ Schokolade — 100 g Bitterschokolade bei schwacher Hitze in der Milch auflösen (nicht kochen).
☐ Eis mit braunem Brot — 25 g geröstete braune Semmelbrösel und 1 EL dunklen Rum nach dem letzten Aufschlagen unter die Eismasse ziehen.
☐ Kaffee — 4 TL Instant-Kaffeepulver vor dem Kochen in der Milch auflösen. Eiskugeln mit Waffeln oder Keksen dekorieren.

Sorbets

1 Zwei flache Schüsseln und einen Schneebesen in das sehr kalte Gefrierfach stellen.

Sorbets schmelzen schnell, besonders, wenn sie Alkohol enthalten. Es empfiehlt sich daher, das Serviergeschirr zu kühlen. Sorbets ohne Alkohol gefrieren sehr fest. Vor dem Servieren müssen sie im Kühlschrank ½ Std. antauen. Kleine Sorbetportionen — meist mit Alkohol — serviert man häufig bei Festessen vor dem eigentlichen Hauptgang. In letzter Zeit werden Sorbets immer beliebter — und hübscher anzusehen —, so daß sie zu vielen Gelegenheiten serviert werden können.

Klassisches Orangen-Sorbet

Vorbereitungszeit: 15 Min.
+ Zeit zum Gefrieren
Garzeit: 7 Min.
Für 4 Personen

ZUTATEN
dünn abgeschälte Schale 1 Orange
225 g Zucker
300 ml Orangensaft
Saft von ½ Zitrone

2 Die Schale mit 300 ml Wasser und dem Zucker langsam aufkochen, 5 Min. köcheln.

3 Die Schale herausnehmen, Orangen- und Zitronensaft zum Sirup geben und in eine gekühlte Schüssel gießen. Gefrieren, bis es außen fest, in der Mitte noch weich ist.

4 In kleinen Stücken in die zweite gekühlte Schüssel geben, mit dem Schneebesen kräftig verschlagen und wieder gefrieren. 1-2 x wiederholen, bis das Sorbet cremig genug ist.

TIP

Aus jedem sauren Fruchtsirup kann man ein gutes Sorbet machen.

Champagner-Sorbet

350 g Zucker in 450 ml Wasser auflösen, 10 Min. – oder bis man mit zwei Löffeln einen 1 cm langen Faden ziehen kann – kochen. Abgekühlt 450 ml Champagner und den Saft 1 Zitrone und 1 Orange zugeben, gefrieren.

Mango-Sorbet

150 g Zucker in 300 ml Wasser erhitzen, bis er aufgelöst ist. 300 ml Mangopüree und den Saft 1 Zitrone zugeben, gefrieren.

TIP

☐ Rohe Ananas und Papayas enthalten ein Enzym, das das Gefrieren verhindert: vorher kochen.
☐ Eischnee von 1 oder 2 Eiern macht Sorbets luftiger.
☐ 1 Päckchen Gelatine, in der Flüssigkeit aufgelöst, macht das Sorbet cremiger.

Granitas

Granitas sind - wie Sorbets - eher Wassereis als Eiscreme. Sie enthalten jedoch weniger Zucker als Sorbets und sind daher fester. Man schlägt sie mit einer Gabel auf statt mit einem Schneebesen.

Rotwein-Granita

100 g Zucker in 100 ml Wasser auflösen, 1 Min. kochen. 450 ml Rotwein und 2 EL Orangensaft zugeben. In einer flachen Schüssel gefrieren, halbgefroren mit einer Gabel zu "Schnee" aufschlagen.

Den "Schnee" in gekühlte Gläser füllen. Die Glasränder erst in verschlagenes Eiweiß, dann in Zucker tauchen.

Kaffee-Granita

100 g Zucker und 2 EL Rum in 600 ml starkem Espressokaffee verrühren, bis der Zucker aufgelöst ist. Abgekühlt in eine flache Schale gießen, halb gefrieren lassen und mit einer Gabel auflockern. Erneut gefrieren lassen und wieder auflockern. In gekühlten Gläsern mit Sahne dekoriert servieren.

Crème Caramel

Dieser beliebte Nachtisch kann in einer Kastenform zubereitet werden. Am besten schmeckt er innerhalb von 2 Tagen, hält sich im Kühlschrank aber auch 4 Tage lang.

Vorbereitungszeit: 30 Min.
+ Zeit zum Festwerden
Garzeit: 1 Std.
Für 4 Personen

ZUTATEN
300 ml Milch
1/2 Vanilleschote
150 ml Sahne
3 Eier
1 Eigelb
50 g Zucker
Erdbeeren in Scheiben und Minzezweige zum Dekorieren
Für den Karamel
100 g Zucker

1 Ofen auf 170° C (Gas Stufe 3) vorheizen. Milch und Vanilleschote bei wenig Hitze aufkochen. Vom Herd nehmen und 15 Min. ziehen lassen. Die Sahne einrühren.

2 Eier und Eigelb mit Zucker verquirlen. Vanilleschote aus der Milch entfernen, Milch zu den Eiern gießen.

3 Für den Karamel Zucker in 4 EL Wasser auf kleiner Flamme unter Rühren auflösen. Aufkochen, nicht rühren, bis goldgelber Karamel entsteht. Eine 450-g-Kastenform mit Handtuch halten und Karamel so einfüllen, daß er am Boden und an den Seiten haftet. Abkühlen lassen.

4 Milchmischung durch ein Sieb in die Kastenform schütten. Mit Folie abdecken und ins Wasserbad stellen.

5 40-50 Min backen. Kastenform aus dem Wasserbad nehmen, die Folie entfernen. 4 Std. in den Kühlschrank stellen. Auf eine Servierplatte stürzen, mit Erdbeeren und Minzeblättern garnieren.

TIP

Je länger die Vanilleschote zieht, desto intensiver ist der Geschmack. Nicht wegwerfen, sondern abwischen, trocknen und luftdicht aufbewahren.

Weinschaumcreme mit Katzenzungen

FESTLICHES

Dieses klassische Dessert ist der krönende Abschluß jedes italienischen Menüs. Selbstgemachte Katzenzungen dazu reichen.

Vorbereitungszeit: 20 Min.
+ Zeit zum Abkühlen
Garzeit: 15 Min.
Für 4 Personen

ZUTATEN

4 Eigelb

50 g Zucker

8 EL Marsalawein

geriebene Schokolade und Orangenschale zum Dekorieren

Für die Katzenzungen

50 g Butter, etwas zum Einfetten

50 g Zucker

1 Ei

abgeriebene Schale von 1 Orange

50 g Mehl mit 1 Prise Backpulver

50 g zerlassene Schokolade

1 Den Ofen auf 220° C vorheizen. 2 Backbleche mit Backpapier auslegen. Für die Katzenzungen Butter und Zucker schaumig schlagen. Ei und Orangenschale zugeben, mit Mehl zu einem Teig verrühren.

2 Ca. 1 cm der Spitze einer Spritztüte abschneiden, die Masse einfüllen und ca. 7 cm lange Streifen im Abstand von ca. 5 cm auf die Bleche spritzen. In 5 Min. goldgelb backen. Vom Backpapier lösen und auf einem Gitter abkühlen lassen.

3 Die Katzenzungen in geschmolzene Schokolade tauchen, fest werden lassen.

4 Für die Creme Eigelb, Zukker und Marsala über einem Heißwasserbad in 8-10 Min. cremig schlagen.

5 Die warme Creme in 4 Weingläser gießen, geriebene Schokolade und Orangenschale darüberstreuen. Die Katzenzungen dazu reichen.

TIP

Verwendet man Cointreau statt des Marsalas, so wird die Creme fruchtiger.

Schokoladen-Mousse

KLASSISCH

Diese Mousse ist kräftig und zugleich leicht. Durch den Cointreau und die Orangenschale erhält sie ihren feinen Orangengeschmack.

Vorbereitungszeit: 10 Min.
+ Zeit zum Festwerden
Garzeit: 3-5 Min.
Für 6-8 Personen

ZUTATEN

6 Eier

100 g Zucker

300 ml Crème double

225 g Vollmilchschokolade

1 EL Cointreau

abgeriebene Schale 1 Orange

Für die Dekoration

Orangenschalenstreifen

Schokoladenblätter

1 Die Eier trennen, Eigelb mit Zucker schaumig schlagen. Die Crème double anschlagen und unterziehen. Die Schokolade im Wasserbad schmelzen, etwas abkühlen lassen und unter die Creme mischen.

Die Schokoladenstücke in einer mikrowellengeeigneten Schale bei mittlerer Schaltstufe (75 %) in 3 Min. zergehen lassen. Häufiger umrühren.

2 Das Eiweiß steif schlagen und unter die Schokoladenmischung ziehen. Cointreau und Orangenschale zugeben.

3 In Dessertschälchen füllen und etwa 4 Std. im Kühlschrank fest werden lassen. Mit Orangenschalen und Schokoladenblättern dekorieren.

Zu besonderen Anlässen kann man einen Marsala-Dessertwein zur Schokoladenmousse reichen.

Pfirsich Melba

Die Melbasauce wurde von dem Meisterkoch Escoffier Ende letzten Jahrhunderts für die australische Operndiva Nellie Melba kreiert. Hier eine elegante Version des klassischen Rezepts.

Vorbereitungszeit: 15 Min.
+ Zeit zum Kühlen
Für 4 Personen

Z U T A T E N

450 g frische oder aufgetaute Himbeeren
100 g Puderzucker
4 Pfirsiche
4 Kugeln Vanilleeis zum Servieren

1 Die Himbeeren durch ein feines Sieb in eine Schüssel passieren.

2 Den Puderzucker unter die Himbeeren mischen, abschmecken, evtl. mehr Zucker zugeben, kalt stellen.

3 Die Pfirsiche 10-20 Sek. in eine große, feuerfeste Schüssel mit kochendem Wasser legen, ruhen lassen, das Wasser abgießen, und die Haut mit einem scharfen Messer abziehen.

4 Die Pfirsiche vierteln, entsteinen, in jedes Viertel 2 Keile, einen kleiner als den anderen, einschneiden und in einer Richtung auseinanderschieben. Himbeersauce auf 4 Teller geben, je 4 Pfirsichsegmente darauf arrangieren und mit je 1 Kugel Vanilleeis servieren.

TIP

Für besondere Anlässe 2 EL Kirschwasser oder Framboise zur Melbasauce geben und mit gerösteten Mandeln oder Minze dekorieren.

Rezeptverzeichnis